KB208544

누구나 일본 여행 100% 즐기기

맛있는

여행 일본어

문선희, 오노야마 하루카 저

맛있는 books

맛있는 **여행 일본어**

초판 1쇄 발행	2024년 10월 15일
초판 2쇄 발행	2025년 1월 1일

저자	문선희, 오노야마 하루카
발행인	김효정
발행처	맛있는books
등록번호	제2006-000273호

주소	서울시 서초구 명달로 54 JRC빌딩 7층
전화	구입문의 02·567·3861 l 02·567·3837
	내용문의 02·567·3860
팩스	02·567·2471
홈페이지	www.booksJRC.com

ISBN	979-11-6148-084-8 13730
정가	14,000원

머리말

지금까지 꾸준히 집필해 온 일본어 교재들과는 다른 새로운 컨셉의 교재를 기획했습니다. 히라가나를 학습하지 않은 사람들이 일본 현지에서 바로 사용할 수 있는 쉬운 여행 일본어를 만들어 보았습니다. 특별히 원어민 선생님과 함께 작업하여 생생한 표현과 꿀팁을 제시하였습니다. 관련 영상도 볼 수 있는 실용적인 여행 교과서입니다.

맛있는 여행 일본어는 이동/숙박/식사/쇼핑/관광/긴급상황 등의 필수 회화와 장소별 핵심 회화로 구성했습니다. QR코드를 통해 직접 현지에서 촬영한 영상을 볼 수 있는 장점이 있습니다. 여행은 일상을 벗어나 새로운 장소와 사람들을 접하면서 즐기는 힐링의 시간입니다. 일본여행에서 소통의 즐거움을 맛있는 여행 일본어와 느껴 보시기 바랍니다.

이 책이 완성되기까지 애써 주신 맛있는북스 김효정 대표님과 진현진 과장님, 열정적으로 함께 집필한 오노야마 하루카 선생님, 조언을 아끼지 않은 윤동민 선생님, 상황별 표현들을 만들어 내기에 좋은 자료를 제공해준 SDC Academy 학생들과 사랑하는 학생들, 그리고 언제나 나를 응원해주는 가족들과 세민이, 세영이에게 감사의 마음을 전합니다.

문선희

한국에 처음 왔을 때, 서툰 한국말로 사람들에게 길을 물었습니다. 그때 한국 사람들은 친절하게 길을 알려줬고 덕분에 한국에서 좋은 추억을 만들 수 있었습니다.

여행의 진정한 묘미는 현지인과 서툰 언어로 소통하며 새로운 경험을 하는 것 같아요. 그때의 행복한 추억 때문일까요? 저는 지금 한국에서 가정을 꾸리고 20여 년을 살고 있습니다.

이 책은 한마디라도 더 일본어로 현지인과 대화할 수 있도록 따라하기 쉬운 일본어로 만들었습니다. 제가 한국에 처음 여행 와서 한국인의 친절함을 느꼈던 것처럼, 여러분도 이 책을 통해 일본인의 친절함을 경험할 수 있었으면 합니다.

마지막으로 이번 여행 일본어 책을 함께 만들자고 제안해 준 문선희 선생님, 꼼꼼한 편집을 해준 맛있는북스 진현진 과장님, "이런 말이 있으면 좋겠어요~" 제안해주신 학생 분들, 사진 및 영상 촬영에 도움을 준 우리 딸 사라와 남편, 현지에서 정보 제공 및 교정을 도와준 소꿉친구 島野望美, 올해 돌아가신 우리 아버지, 여동생, 외할머니, 그리고 이 책을 만드는데 도움을 주신 모든 분들께 감사하다는 말을 전하고 싶습니다.

오노야마 하루카

목차

나에게 꼭~ 맞는 추천 코스!

코스A 일본에 쇼핑하러 온 신사라 씨

버스 p.38~39	쇼핑 p.124~135	면세 p.120~121	초밥 가게 p.90~91	카페 p.106~109	이자카야 p.102~103

쇼핑을 좋아하는 사라 씨는 숙소 체크인 후, 바로 버스 정류장이 어디인지 물어봐서(p.38) 마루이 백화점으로 향했다. 백화점에서 게스트 카드를 발급받은 다음, 매장이 몇 층인지 확인하고(p.124) 원하는 브랜드의 가방을 살 수 있었다(p.125). 의류 매장에서는 원피스를 입어봐도 되는지 직원에게 물어본 후에 입어봤는데(p.131), 좀 타이트해서 더 큰 사이즈로 달라고 했다(p.132). 신발 매장에서 스니커즈까지 산 사라 씨는(p.134~135) 면세 카운터로 가서 면세를 받았다(p.120~121). 쇼핑을 한 후에는 회전 초밥집에 가서 태블릿으로 초밥을 주문하고(p.90~91), 직원에게 생강을 달라고도 요청했다(p.92). 카페에서 아이스 카페라떼를 테이크아웃해 마시고(p.106) 호텔에 짐을 둔 뒤, 친한 일본인 친구에게 연락했다. 저녁에는 친구와 함께 이자카야에 가서 닭꼬치 세트와 가라아게를 주문하고(p.102), 노미호다이(술, 음료 무제한)를 주문해(p.103) 즐거운 시간을 보냈다.

코스B 부모님과 온천여행을 온 나효자 씨

택시 p.40~41	분실물 센터 p.168~169	료칸 p.66~67	관광 p.143~149	온천 p.68~69	드러그스토어 p.122~123

부모님을 모시고 온 효자 씨는 역에서 택시를 타고(p.40~41) 료칸에 도착했다. 그런데 료칸에 도착해서 택시에 가방을 두고 내린 것을 알게 되었다. 그래서 료칸 직원에게 부탁해 택시회사와 통화한 후, 겨우 찾을 수 있었다(p.168~169). 무사히 체크인을 마치고 석식(가이세키)은 저녁 7시 반으로 예약했다(p.66). 그리고 료칸 근처의 관광안내소에 가서 지도를 받고(p.147), 화장실을 다녀온 후에(p.143) 관광지를 구경하며 다른 사람에게 사진을 찍어달라고 부탁했다(p.148~149). 료칸에 돌아와서 가이세키 요리를 먹고(p.67), 온천을 하기 위해 프런트 직원에게 수건을 하나 더 달라고 하면서 온천 이용 시간도 물어봤다(p.68). 온천을 즐긴 후에는 직원에게 근처에 있는 드러그스토어까지 료칸에서 가까운지(p.32), 걸어서 얼마나 걸리는지에 대해서 물어봤다(p.33). 드러그스토어에 가서 곤약젤리와 약과 파스 등을 사면서 기내에 들고 들어갈 수 있는지 점원에게 확인까지 한 뒤에(p.122~123) 잠시 산책을 하고 료칸으로 돌아왔다.

코스C 아이들과 가족여행을 온 최다정 씨

| 렌터카 p.46~49 | 숙박 p.54~65 | 식사 p.76~87 | 놀이 공원 p.150~151 | 편의점 p.110~111 | 동물원 p.152~153 |

남편과 어린 아이 2명과 온 다정 씨는 예약해 둔 렌터카를 픽업하고(p.46), ETC카드와 베이비시트도 사용하겠다고 했다(p.47). 숙소에서 얼리 체크인이 되는지 물어봤지만(p.54) 안 된다고 해서 짐만 맡겼다(p.64). 식사를 하기 위해 식당에 들어갈 때는 인원은 4명이고 금연석을 요청했다(p.76). 자리에 앉아 직원에게 추천 메뉴를 묻고(p.79), 오늘의 메뉴 2개와 어린이 런치 2개를 주문했다(p.78). 식사 중에는 물수건과 물을 한 잔 더 달라고 하기도 하고(p.82), 아이가 포크를 떨어트려 다시 요청하기도 했다(p.83). 결제는 신용카드로 하고(p.86) 영수증은 괜찮다고 했다(p.87). 놀이공원에 도착해서는 오후권으로 어른 2장, 아이 2장을 사고, 재입장이 되는지, 퍼레이드는 어디에서 하는지 등을 물어봤다(p.150~151). 돌아오는 길에 아이가 화장실이 급하다고 해서 편의점에 들러 물건을 사며 화장실을 써도 되는지 물어봤다(p.111). 다음날에는 동물원에 가서 먹이체험, 승마체험을 하고 인증샷도 찍었다(p.152~153). 그리고 주유소에서 기름을 가득 넣은 후에 렌터카 업체에 영수증을 보여주고 반납했다(p.48~49).

코스D 게임, 애니, 코스프레에 관심 많은 강덕후 씨

| 전철 p.34~37 | 라면 전문점 p.94~97 | 서점/굿즈샵 p.136~137 | 야키니쿠 가게 p.100~101 | 가라오케 p.158~159 | 넷카페 p.72~73 |

일본에 도착해서 바로 아키하바라로 향하는 덕후 씨는 전철역에서 표를 사고(p.34) 전철을 탔지만 반대 방향으로 타버려 직원의 도움을 받았다(p.37). 아키하바라역에 도착해서는 먼저 라멘 전문점에 들어가 미소라멘을 한 개 주문하고, 숙주도 추가하고, 면도 리필해서 배를 채웠다(p.94~95). 이제 서점에서 만화책을 산 뒤, 굿즈 매장에서 캐릭터 피규어도 샀다. 그 중 한정판 피규어는 이제 없는지 물어봤더니 현재 재고가 없다고 했다(p.136~137). 저녁에는 1인 야키니쿠 가게에 가서 갈비 1인분과 규탕 1인분, 생맥주를 주문했다. 구이용 야채와 고기를 추가로 주문하면서 불판을 갈아달라고 했다(p.100~101). 식사 후에는 소화도 시킬 겸 가라오케에서 노래를 1시간만 부르려고 했는데 연장해서 더 많이 불렀다. 도중에 태블릿이 터치가 안 돼서 직원을 호출했다(p.159). 가라오케를 나와 잠은 넷카페에서 자기로 하고 넷카페에 가서 회원등록과 객실 타입을 고른 후, 방에서 TV도 보고 음료도 마시고 컴퓨터 게임도 했다(p.72~73).

책을 완벽하게 활용하는 방법

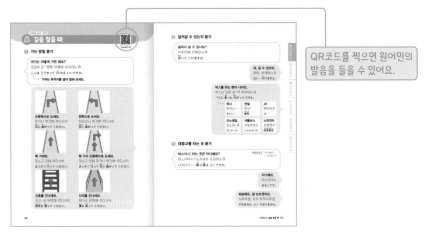

> QR코드를 찍으면 원어민의
> 발음을 들을 수 있어요.

상황별 필수 회화!

일본 여행 중에 반드시 마주치게 되는 다양한 상황에 대비할 수 있는 일본어 회화 표현들을 모아 놓았어요. 단순히 내가 하는 말뿐만 아니라, 상대방의 말까지 꼼꼼하게 수록해, 실제 대화 상황에서도 당황하지 않을 수 있어요. 여행 중 맞닥뜨리는 다양한 상황에서 자신감을 가지고 필요한 표현을 찾아 말해 보세요!

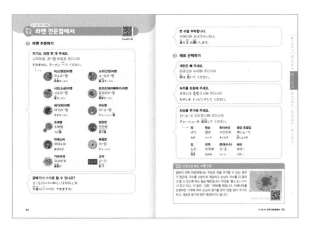

장소별 핵심 회화!

료칸, 라멘 전문점, 굿즈 매장, 놀이공원 등 여행 중 방문하는 다양한 장소에서 사용할 수 있는 일본어 표현들을 모아 놓았어요. 내 여행 일정에 맞춘 장소별 표현을 통해 어디를 가든 자신감 있게 내가 하고 싶은 말을 찾아 당당하게 말하고 일본 여행을 더욱 편안하고 즐겁게 보내 보세요!

단어 바꿔 말하기

상황 및 장소별로 필요한 일본어 표현에 단어만 바꿔가며 내가 하고 싶은 말을 다양하게 전달할 수 있도록 했어요. 이를 통해 일본에서의 의사소통이 한결 수월해질 거예요.

핵심 표현 익히기

'이것만은 꼭 알고 가자'에 수록된 핵심 표현이 사용된 문장에는 어떤 표현이 쓰였는지 표시되어 있어요. 애써 핵심 표현을 익히려고 하지 않아도 책을 읽다 보면 자연스럽게 표현을 익히고, 스스로 말도 할 수 있게 될 거예요.

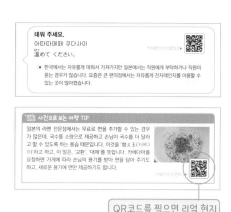

일본 여행 TIP

일본 여행에 도움이 되는 꿀팁들을 곳곳에 가득 수록했어요. 생생한 현지 사진과 동영상도 확인할 수 있으니 여행을 더욱 알차고 즐겁게 보낼 수 있을 거예요.

[부록] 상황별 단어 모음

이동, 숙박, 식사, 쇼핑, 관광, 긴급 상황별로 필요한 단어를 언제든지 한국어로 쉽게 찾아 말할 수 있도록 했어요. 찾은 단어와 앞에서 익힌 핵심 표현을 활용하면 일본어가 자연스럽게 툭! 튀어나올 거예요.

여행 준비 체크! 체크!

체크1   빼먹으면 절대 안 되는 준비물 체크!

- ☐ 여권 및 여권 사본 (+사진 2매), 국제 운전 면허증
- ☐ 엔화 및 해외 결제 가능한 카드 (+동전지갑)
- ☐ Visit Japan Web 등록
- ☐ 로밍, USIM, eSIM, 포켓 와이파이 등의 인터넷 수단
- ☐ 각종 바우처 (숙소, 교통, 입장권 등)
- ☐ 여행자 보험
- ☐ 110V 변환 플러그, 충전기 및 보조배터리
- ☐ 상비약
- ☐ 옷 등 기타 개인 물품

TIP1 Visit Japan Web

최근에는 일본행 비행기에서 입국신고서를 주지 않는 경우가 많기 때문에 꼭 「Visit Japan Web」 어플을 등록해 가는 것이 좋습니다.

TIP2 로밍

장기 여행자인 경우 eSIM을 등록하면 좀 더 싸게 데이터를 이용할 수 있습니다. 만약 여러 명이서 함께 여행한다면 포켓 와이파이를 이용하는 것이 좀 더 저렴합니다.

TIP3 트래블카드

최근 '현금 없는 해외여행'을 내세운 트래블카드가 많이 나왔습니다. 트래블카드는 해외여행 특화 카드로 현지에서 무료로 외화 인출·결제가 가능하고, 환전 혜택도 받을 수 있으므로 여행 가기 전 미리 카드를 만들고 환전해 두면 좋습니다.

기분 좋은 여행을 만들어 줄 어플 체크!

ICN SMARTPASS 인천공항 스마트패스

인천공항 출국장으로 나갈 때 전용줄을 이용해 시간을 아낄 수 있는 어플입니다. 회원가입 후에 여권 촬영, 여권 전자칩 스캔, 얼굴 등록을 하면 사전 준비는 끝납니다. 그 다음 체크인을 하고 탑승권 정보를 등록하면 전용줄을 이용해 빠르게 출국장으로 나갈 수 있습니다.

네이버 파파고 - AI통번역

텍스트 및 음성으로 실시간 번역을 할 수 있는 어플입니다. 언어를 설정한 뒤에 '대화' 버튼을 눌러 말하면 자동으로 번역이 되어 보여 줍니다. 사전에 한국에서 오프라인 번역을 다운로드해두면 인터넷이 연결되어 있지 않은 상황에서도 번역 기능을 사용할 수 있습니다.

Google Maps

전세계에서 가장 유명한 지도 어플입니다. 출발지와 목적지를 입력하면 최적의 경로를 안내해 주고, 식당이나 관광지 등에 대한 다른 여행자들의 평도 확인할 수 있습니다. 여행하는 동안 방문할 장소들을 미리 저장해 두면 더욱 편리하게 길을 찾을 수 있습니다.

payke-일본에서의 쇼핑 즐겁고

상품의 바코드를 찍으면 상세 정보를 한국어로 볼 수 있는 어플입니다. 돈키호테나 다이소, 마트 등에서 상품 정보를 알고 싶을 때 바코드를 찍어 확인하고, 사람들이 많이 구입하는 물건이나 평점도 확인할 수도 있습니다.

ChargeSPOT 차지스팟

공유 보조 배터리 어플입니다. 어플로 가까운 곳에 있는 공유 보조 배터리 스테이션을 찾고, QR코드를 찍어 빌릴 수 있습니다. 이용 요금은 신용카드나 애플페이 등으로 결제할 수 있고, 반납은 꼭 빌린 곳이 아니어도 되기 때문에 편리하게 이용할 수 있습니다.

일본인이 추천하는 먹거리&약 리스트

리스트1 **편의점 추천 먹거리!**

❶ 로손(ローソン)

모찌식감롤
(もち食感ロール)

쫀득한 식감이 일품인
롤케이크

계란 커스터드 쿠키슈
(たまごのカスタードクッキーシュー)

달콤한 커스터드 크림이
가득한 쿠키

가라아게쿤
(からあげクン)

로손의 시그니처 치킨

❷ 세븐일레븐(セブンイレブン)

반숙 계란
(半熟ゆでたまご)

하나도 퍽퍽하지 않은
고소한 반숙 계란

미타라시당고
(みたらし団子)

간장의 짭쪼롬한 맛과
쫄깃한 떡이 일품인 경단

키타아카리 고로케
(きたあかりコロッケ)

홋카이도 키타아카리산
감자로 만든 고로케

❸ 패밀리마트(ファミリーマート)

수플레 푸딩
(スフレ・プリン)

치즈가 들어간 풍미 가득한
치즈 수플레 푸딩

화미치키
(ファミチキ)

패밀리마트의 시그니처 치킨

고디바 감수 초콜릿 프라페
(ゴディバ監修チョコレートプラペ)

고디바에서 감수한
진한 초콜릿 프라페

편의점에서 계절 한정 상품, 지역 한정 상품도 찾아보고 맛보세요~!

마트/슈퍼 추천 먹거리 쇼핑템!

먹는 고추기름
（食べるラー油）

명란파스타 소스
（たらこパスタソース）

우동 스프
（うどんスープ）

야키소바
（焼きそば）

토스트 스프레드
（トーストスプレッド）

큐피 마요네즈
（キューピーマヨネーズ）

육수 간장
（だし醤油）

연어 후레이크
（鮭フレーク）

효능별 추천 국민 약!

❶ 소화제

오타이산
（太田胃散）

❷ 정장제(유산균)

비오페르민
（ビオフェルミン）

❸ 영양보급제

에비오스
（エビオス）

❹ 기침/인후염

피타스
（ピタス）

❺ 피부 연고

오로나인
（オロナイン）

❻ 액체 반창고

사카무케어
（サカムケア）

❼ 붙이는 파스

사론파스
（サロンパス）

❽ 바르는 파스

제놀
（ゼノール）

13

이것만은 꼭 알고 가자!

많이 쓰는 인사말 Best9

Track00-01

(아침) 안녕하세요.
오하요-고자이마스

おはようございます。

(점심) 안녕하세요.
콘니찌와

こんにちは。

(저녁) 안녕하세요.
콤방와

こんばんは。

실례합니다./미안합니다.
스미마셍

すみません。

감사합니다.
아리가또-고자이마스

ありがとうございます。

천만에요.
도-이따시마시떼

どういたしまして。

잘 먹겠습니다.
이따다끼마스

いただきます。

잘 먹었습니다.
고찌소-사마데시따

ごちそうさまでした。

안녕히 가세요(계세요).
사요-나라

さようなら。

Track00-02

이건 뭐예요?
코레와 난데스까

これは 何^{なん}ですか。

어디예요?
도꼬데스까

どこですか。

얼마예요?
이꾸라데스까

いくらですか。

맛있겠다!
오이시소-

おいしそう！

괜찮습니다.
다이죠-부데스

大丈夫^{だいじょう ぶ}です。

사진 찍어 주세요.
샤싱오 톳떼 쿠다사이

写真^{しゃしん}を 撮^とって ください。

다시 한번 부탁합니다.
모-이찌도
오네가이시마스

もう 一度^{いち ど} お願^{ねが}いします。

일본어를 몰라요.
니홍고가 와까리마셍

日本語^{に ほん ご}が わかりません。

영어로 부탁합니다.
에-고데 오네가이시마스

英語^{えい ご}で お願^{ねが}いします。

Track00-03

어서오세요.
이랏샤이마세

いらっしゃいませ。

몇 분이세요?
남메-사마데스까

何名様ですか。

이쪽으로 오세요.
코찌라에 도-조

こちらへ どうぞ。

잠시만 기다려 주세요.
쇼-쇼- 오마찌쿠다사이

少々 お待ちください。

오래 기다리셨습니다.
오마따세이따시마시따

お待たせいたしました。

즐거운 시간 되세요.
고육꾸리 도-조

ごゆっくり どうぞ。

무엇을 찾으세요?
나니까 오사가시데스까

何か お探しですか。

죄송합니다.
모-시와께고자이마셍

申し訳ございません。

알겠습니다.
카시꼬마리마시따

かしこまりました。

Track00-04

계산대는 어디예요?

레지와 도꼬데스까

レジは どこですか。

계산 부탁합니다.

오카이께-
오네가이시마스

お会計 お願いします。

다해서 5,000엔입니다.

고-께- 고셍엔데
고자이마스

合計 5,000円で
ございます。

지불은 어떻게 하시겠습니까?

오시하라이와
도- 나사이마스까

お支払いは
どう なさいますか。

포인트 카드 있으세요?

포인또카-도와
오모찌데스까?

ポイントカードは
お持ちですか。

카드 돼요?

카-도 츠까에마스까

カード 使えますか。

200엔의 거스름돈입니다.

니햐꾸엔노 오카에시데스

200円の お返しです。

카드를 터치해 주세요.

카-도오 탓찌시떼
쿠다사이

カードを タッチして
ください。

이용해 주셔서 감사합니다.

고리요-
아리가또-고자이마시따

ご利用
ありがとうございました。

핵심표현1 가능한지 물어볼 때

데끼마스까
～できますか

Track00-05

_____ (은/는) 할 수 있나요?	_____ (와) 데끼마스까
	(は) できますか。

이동	**수속** 테츠즈끼 て つづ 手続き	**탑승** 토―죠― とうじょう 搭乗	**들고 타기** 모찌코미 も こ 持ち込み
숙박	**체크인** 첵꾸잉 チェックイン	**예약** 요야꾸 よ やく 予約	**취소** 캰세루 キャンセル
식사	**주문** 츄―몽 ちゅうもん 注文	**변경** 헹꼬― へんこう 変更	**테이크아웃** 오모찌카에리 も かえ お持ち帰り
쇼핑	**면세** 멘제― めんぜい 免税	**교환** 코―깡 こうかん 交換	**환전** 료―가에 りょうがえ 両替
관광	**할인** 와리비끼 わりびき 割引	**재입장** 사이뉴―죠― さいにゅうじょう 再入場	**(사진) 촬영** 사쯔에― さつえい 撮影
위급	**영어** 에―고 えい ご 英語	**통역** 츠―야꾸 つうやく 通訳	**충전** 쥬―뎅 じゅうでん 充電

핵심표현2 물건을 요청할 때

쿠다사이
～ください

Track00-06

___ (을/를) 주세요.

___(오)쿠다사이

(を)ください。

이동	IC카드(교통카드) 아이씨카-도 ICカード	어른 한 장 오또나 이찌마이 大人 1枚	지정석 두 장 시떼-세끼 니마이 指定席 2枚
숙박	수건 타오루 タオル	칫솔 하부라시 歯ブラシ	슬리퍼 스립빠 スリッパ
식사	이거 하나 코레 히또쯔 これ 一つ	찬 물 오히야 お冷	물수건 오시보리 おしぼり
쇼핑	봉투 후꾸로 ふくろ	영수증 레시-또 レシート	L사이즈 에루사이즈 Lサイズ
관광	티켓 두 장 치껫또 니마이 チケット 2枚	팸플릿 팡후렛또 パンフレット	지도 치즈 地図
위급	두통약 즈쯔-야꾸 頭痛薬	반창고 반소-꼬- 絆創膏	분실 신고 증명서 이시쯔토도께 遺失届

핵심표현3 있는지 물어볼 때

아리마스까
~ありますか

Track00-07

| ___ (은/는) 있나요? | ___ (와) 아리마스까? |
| | ___ (は) ありますか。 |

이동	코인로커 코잉록까- コインロッカー	엘리베이터 에레베-따- エレベーター	셔틀버스 샤또루바스 シャトルバス
숙박	자판기 지도-함바이끼 自動販売機	전자레인지 덴시렌지 電子レンジ	충전기 쥬-뎅끼 充電器
식사	추천 메뉴 오스스메 おすすめ	한국어 메뉴 캉꼬꾸고노 메뉴- 韓国語の メニュー	어린이용 의자 코도모요-노 이스 子供用の いす
쇼핑	다른 색깔 호까노 이로 他の 色	세일 상품 세-루힝 セール品	할인쿠폰 와리비끼쿠-퐁 割引クーポン
관광	오디오 가이드 오-디오가이도 オーディオガイド	퍼레이드 파레-도 パレード	축제 마쯔리 祭
위급	진통제 이따미도메 痛み止め	병원 뵤-잉 病院	약국 약꼬꾸 薬局

22

도꼬데스까
~どこですか

Track00-08

(은/는) 어디예요?　　　　　(와) 도꼬데스까
　　　　　　　　　　　　　　(は) どこですか。

이동	역 에끼 えき 駅	표 사는 곳 킵뿌우리바 きっぷ う ば 切符売り場	개찰구 카이사쯔구찌 かいさつぐち 改札口
숙박	온천 온센 おんせん 温泉	수영장 푸-루 プール	주차장 츄-샤죠- ちゅうしゃじょう 駐車場
식사	편의점 콤비니 コンビニ	카페 카훼 カフェ	레스토랑 레스또랑 レストラン
쇼핑	계산대 레지 レジ	구두 매장 쿠쯔우리바 くつ う ば 靴売り場	면세 카운터 멘제-카운따- めんぜい 免税カウンター
관광	화장실 토이레 トイレ	인포메이션 잉호메-숑 インフォメーション	흡연소 키쯔엔죠 きつえんじょ 喫煙所
위급	파출소 코-방 こうばん 交番	비상구 히죠-구찌 ひ じょうぐち 非常口	한국 대사관 캉꼬꾸타이시깡 かんこくたい し かん 韓国大使館

오네가이시마스
〜お願いします

Track00-09

| | 부탁합니다. | 오네가이시마스
お願いします。 |

이동	**왕복으로 부탁합니다.** 오-후꾸데 오네가이시마스 往復で お願いします。	**공항까지 부탁합니다.** 쿠-꼬-마데 오네가이시마스 空港まで お願いします。
숙박	**여권 부탁합니다.** 파스뽀-또 오네가이시마스 パスポート お願いします。	**모닝콜 부탁합니다.** 모-닝구코-루 오네가이시마스 モーニングコール お願いします。
식사	**앞접시 부탁합니다.** 토리자라 오네가이시마스 取り皿 お願いします。	**한 잔(한 그릇) 더 부탁합니다.** 오카와리 오네가이시마스 おかわり お願いします。
쇼핑	**계산 부탁합니다.** 오카이께- 오네가이시마스 お会計 お願いします。	**랩핑(포장)부탁합니다.** 랍삥구 오네가이시마스 ラッピング お願いします。
관광	**영어로 부탁합니다.** 에-고데 오네가이시마스 英語で お願いします。	**예약을 부탁합니다.** 요야꾸오 오네가이시마스 予約を お願いします。
위급	**연락처를 부탁합니다.** 렌라꾸사끼오 오네가이시마스 連絡先を お願いします。	**병원까지 부탁합니다.** 뵤-잉마데 오네가이시마스 病院まで お願いします。

핵심표현6 희망사항을 말할 때

따인데스가
～たいんですが

Track00-10

(하고) 싶은데요.	따인데스가 たいんですが。

이동	신칸센을 타고 싶은데요. 싱깐셍니 노리따인데스가 新幹線に 乗りたいんですが。	온천에 가고 싶은데요. 온셍니 이끼따인데스가 温泉に 行きたいんですが。
숙박	조식을 추가하고 싶은데요. 쵸ー쇼꾸오 츠이까시따인데스가 朝食を 追加したいんですが。	1박 연장하고 싶은데요. 입빠꾸 엔쬬ー시따인데스가 １泊 延長したいんですが。
식사	주문을 변경하고 싶은데요. 츄ー몽오 헹꼬ー시따인데스가 注文を 変更したいんですが。	디저트를 주문하고 싶은데요. 데자ー또오 츄ー몽시따인데스가 デザートを 注文したいんですが。
쇼핑	교환하고 싶은데요. 코ー깡시따인데스가 交換したいんですが。	반품하고 싶은데요. 헴삥시따인데스가 返品したいんですが。
관광	티켓을 사고 싶은데요. 치껫또오 카이따인데스가 チケットを 買いたいんですが。	뭐 좀 묻고 싶은데요. 춋또 키끼따인데스가 ちょっと 聞きたいんですが。
위급	약국에 가고 싶은데요. 약꾜꾸니 이끼따인데스가 薬局に 行きたいんですが。	돈을 찾고 싶은데요. 오카네오 오로시따인데스가 お金を 下ろしたいんですが。

이것만은 꼭 알고 가자! **25**

떼 쿠다사이
～て ください

Track00-11

	해 주세요.		떼 쿠다사이 て ください。

이동	**쭉 가 주세요(가세요).** 맛스구 잇떼 쿠다사이 まっすぐ 行って ください。	**갈아 타 주세요(타세요).** 노리카에떼 쿠다사이 乗り換えて ください。
숙박	**방을 청소해 주세요.** 헤야오 소-지시떼 쿠다사이 部屋を 掃除して ください。	**우산을 빌려주세요.** 카사오 카시떼 쿠다사이 傘を 貸して ください。
식사	**챠슈를 추가해 주세요.** 챠-슈-오 츠이까시떼 쿠다사이 チャーシューを 追加して ください。	**고추냉이를 빼 주세요.** 와사비오 누이떼 쿠다사이 わさびを 抜いて ください。
쇼핑	**여권을 보여 주세요.** 파스뽀-또오 미세떼 쿠다사이 パスポートを 見せて ください。	**환전해 주세요.** 료-가에시떼 쿠다사이 両替して ください。
관광	**안내해 주세요.** 안나이시떼 쿠다사이 案内して ください。	**사진 찍어 주세요.** 샤싱오 톳떼 쿠다사이 写真を 撮って ください。
위급	**도와주세요.** 타스께떼 쿠다사이 助けて ください。	**경찰을 불러 주세요.** 케-사쯔오 욘데 쿠다사이 警察を 呼んで ください。

떼 모라에마스까
~て もらえますか

Track00-12

해 주시겠어요?	떼 모라에마스까 て もらえますか。

이동

길을 가르쳐 주시겠어요?
미찌오 오시에떼 모라에마스까
道を 教えて もらえますか。

이 지도를 봐 주시겠어요?
코노 치즈오 미떼 모라에마스까
この 地図を 見て もらえますか。

숙박

짐을 맡아 주시겠어요?
니모쯔오 아즈깟떼 모라에마스까
荷物を 預かって もらえますか。

택시를 불러 주시겠어요?
타꾸시-오 욘데 모라에마스까
タクシーを 呼んで もらえますか。

식사

예약해 주시겠어요?
요야꾸오 시떼 모라에마스까
予約を して もらえますか。

성함을 써 주시겠어요?
오나마에오 카이떼 모라에마스까
お名前を 書いて もらえますか。

쇼핑

포장해 주시겠어요?
츠쯘데 모라에마스까
包んで もらえますか。

신상품을 보여 주시겠어요?
신쇼-힝오 미세떼 모라에마스까
新商品を 見せて もらえますか。

관광

휠체어를 빌려 주시겠어요?
쿠루마이스오 카시떼 모라에마스까
車いすを 貸して もらえますか。

인스타를 가르쳐 주시겠어요?
인스따오 오시에떼 모라에마스까
インスタを 教えて もらえますか。

위급

구급차를 불러 주시겠어요?
큐-뀨-샤오 욘데 모라에마스까
救急車を 呼んで もらえますか。

대사관에 전화해 주시겠어요?
타이시깡니 뎅와시떼 모라에마스까
大使館に 電話して もらえますか。

이동할 때

상황별 필수 회화

- 길을 찾을 때

장소별 핵심 회화

- 전철에서
- 버스에서
- 택시에서
- 기차에서
- 렌터카 업체/주유소에서

🚕 길을 찾을 때

Track01-01

➊ 가는 방법 묻기

여기는 어떻게 가면 돼요?

코꼬와 도-얏떼 이께바 이이데스까

ここは どうやって 行けば いいですか。

⤷ 가려는 목적지를 넣어 말해 보세요.

오른쪽으로 도세요.

미기니 마갓떼 쿠다사이

右に 曲がって ください。

왼쪽으로 도세요.

히다리니 마갓떼 쿠다사이

左に 曲がって ください。

쭉 가세요.

맛스구 잇떼 쿠다사이

まっすぐ 行って ください。

쭉 가서 오른쪽으로 도세요.

맛스구 잇떼 미기니 마갓떼 쿠다사이

まっすぐ 行って 右に 曲がって ください。

신호를 건너세요.

싱고-오 와땃떼 쿠다사이

信号を 渡って ください。

다리를 건너세요.

하시오 와땃떼 쿠다사이

橋を 渡って ください。

❷ 걸어갈 수 있는지 묻기

걸어서 갈 수 있나요?
아루이떼 이께마스까
歩いて いけますか。

네, 갈 수 있어요.
하이, 이께마스요
はい、行けますよ。

버스를 타는 편이 나아요.
바스니 놋따 호-가 이이데스요
バスに 乗った 方が いいですよ。

택시	전철	JR
타꾸시-	덴샤	제이아루
タクシー	電車	JR

모노레일	셔틀버스	노면전차
모노레-루	샤또루바스	로멘덴샤
モノレール	シャトルバス	路面電車

❸ 대중교통 타는 곳 묻기

버스[택시] 타는 곳은 어디예요?
바스[타꾸시-]노리바와 도꼬데스까
バス[タクシー]乗り場は どこですか。

핵심표현4 ~어디예요?
= ~도꼬데스까

저기예요.
아소꼬데스
あそこです。

죄송해요, 잘 모르겠어요.
스미마셍, 요꾸 와까리마셍
すみません、よく わかりません。

④ 위치 묻기

편의점은 어디에 있나요?
콤비니와 도꼬니 아리마스까

コンビニは どこに ありますか。

핵심표현3 ~있나요?
= ~아리마스까

화장실	공원	횡단보도	다리	지도
토이레	코-엥	오-당호도-	하시	치즈
トイレ	こうえん 公園	おうだんほどう 横断歩道	はし 橋	ちず 地図

백화점 맞은편에 있습니다.
데빠-또노 무까이니 아리마스

デパートの 向かいに あります。

근처	오른쪽	왼쪽	옆
치까꾸	미기	히다리	토나리
ちか 近く	みぎ 右	ひだり 左	となり 隣

안	밖	앞	뒤
나까	소또	마에	우시로
なか 中	そと 外	まえ 前	うし 後ろ

🔊 일본에서도 押しボタン式信号(오시보탕시끼싱고-)라고 해서 통행량이 적은 곳이나 시간대에 이 버튼을 눌러야 신호등이 작동하는 곳이 있습니다.

⑤ 거리 묻기

여기에서 가까워요[멀어요]?
코꼬까라 치까이데스까[토오이데스까]

ここから 近いですか[遠いですか]。

네, 가까워요.
하이, 치까이데스요

はい、近いですよ。

좀 멀어요.
춋또 토오이데스

ちょっと 遠いです。

얼마나 걸려요?

도노구라이 카까리마스까

どのぐらい かかりますか。

걸어서 5분 정도예요.

아루이떼 고훙구라이데스

<ruby>歩<rt>ある</rt></ruby>いて 5<ruby>分<rt>ごふん</rt></ruby>ぐらいです。

자전거로 10분	전철로 20분	차로 30분	버스로 1시간
지뗀샤데 쥽뿡	덴샤데 니쥽뿡	쿠루마데 산쥽뿡	바스데 이찌지깡
自転車で 10分	電車で 20分	車 で 30分	バスで 1時間

⑥ 길을 잃었을 때

길을 잃어버렸어요.

미찌니 마요이마시따

<ruby>道<rt>みち</rt></ruby>に <ruby>迷<rt>まよ</rt></ruby>いました。

금각사는 이 방향이 맞아요?

킹까꾸지와 코노 호-꼬-데 앗떼마스까

<ruby>金閣寺<rt>きんかくじ</rt></ruby>は この <ruby>方向<rt>ほうこう</rt></ruby>で <ruby>合<rt>あ</rt></ruby>ってますか。

→ 가려는 목적지를 넣어 말해 보세요.

도톰보리는 이 길이 맞아요?

도-톰보리와 코노 미찌데 앗떼마스까

<ruby>道頓堀<rt>どうとんぼり</rt></ruby>は この <ruby>道<rt>みち</rt></ruby>で <ruby>合<rt>あ</rt></ruby>ってますか。

→ 가려는 목적지를 넣어 말해 보세요.

여기에서 가장 가까운 역은 어디예요?

코꼬까라 이찌방 치까이 에끼와 도꼬데스까

ここから <ruby>一番<rt>いちばん</rt></ruby> <ruby>近<rt>ちか</rt></ruby>い <ruby>駅<rt>えき</rt></ruby>は どこですか。

핵심표현4 ~어디예요?
= ~도꼬데스까

이동할 때

숙박할 때

식사할 때

쇼핑할 때

관광할 때

긴급할 때

 # 전철에서

Track01-02

① 전철역 시설 위치 묻기

표 사는 곳은 어디에 있나요?

킵뿌우리바와 도꼬니 아리마스까

切符売り場は どこに ありますか。

 개찰구
카이사쯔구찌
改札口

 코인로커
코잉록까ー
コインロッカー

 화장실
토이레
トイレ

엘리베이터
에레베ー따ー
エレベーター

 계단
카이당
階段

 인포메이션
잉호메ー숑
インフォメーション

 분실물 센터
와스레모노센따ー
忘れ物センター

 비상구
히죠ー구찌
非常口

 예약 사이트 www.to-locca.com를 이용하면 코인로커를 미리 예약할 수 있습니다.

동쪽 출구는 어디예요?

히가시구찌와 도꼬데스까

東口は どこですか。

서쪽 출구	**남쪽 출구**	**북쪽 출구**
니시구찌	미나미구찌	키따구찌
西口	南口	北口

1번 출구	**2번 출구**	**3번 출구**
이찌방데구찌	니방데구찌	삼방데구찌
1番出口	2番出口	3番出口

❷ 전철 타고 이동하기

이 전철은 시부야역에 가나요?

코노 덴샤와 시부야에끼니 이끼마스까

この 電車は 渋谷駅に 行きますか。

　　→ 가려는 목적지를 넣어 말해 보세요.

다음 역이 긴자역인가요?

츠기노 에끼와 긴자에끼데스까

次の 駅は 銀座駅ですか。

　　→ 가려는 목적지를 넣어 말해 보세요.

다음 전철은 급행인가요?

츠기노 덴샤와 큐-꼬-데스까

次の 電車は 急行ですか。

다음 전철은 몇 시예요?

츠기노 덴샤와 난지데스까

次の 電車は 何時ですか。

어디에서 갈아타나요?

도꼬데 노리카에마스까

どこで 乗り換えますか。

📷 사진으로 보는 여행 TIP

일본의 교통카드는 IC카드라고 말하며, 이 IC카드 하나로 버스, 지하철, 전철 이용은 물론, 택시, 자판기, 스타벅스, 편의점, 일부 식당 등에서의 결제도 가능합니다.
IC카드는 각 역의 매표기, 방문자 센터 등에서 구입할 수 있고, 아이폰은 애플페이로도 발급받을 수 있습니다.
충전은 매표기에서 하거나 편의점에서 할 수 있는데, 편의점에서 할 때는 직원에게 "챠-지 오네가이시마스(チャージ お願いします, 충전부탁합니다)"라고 말하면 됩니다.

◀교통카드 발급하기

교통카드 충전하기▶

이동할 때
숙박할 때
식사할 때
쇼핑할 때
관광할 때
긴급할 때

③ 안내방송 듣기

곧 3번선에 신주쿠행 열차가 들어옵니다.
마모나꾸 삼방셍니 신쥬꾸유끼노 렛샤가 마이리마스
まもなく 3番線に 新宿行きの 列車が 参ります。

위험하오니, 노란선까지 물러나 주십시오.
키껜데스노데, 키이로이셍마데 오사가리쿠다사이
危険ですので、 黄色い線まで お下がりください。

타실 때에는 발밑을 조심해 주십시오.
고죠－샤노 사이와 아시모또니 오키오쯔께쿠다사이
ご乗車の 際は 足元に お気をつけください。

문이 닫힙니다.
도아가 시마리마스
ドアが 閉まります。

내리실 문은 오른쪽[왼쪽]입니다.
오데구찌와 미기가와[히다리가와]데스
お出口は 右側[左側]です。

내리실 때에는 잊으신 물건이 없도록 주의해 주세요.
오오리노 사이와 오와스레모노노 나이요우니 오키오쯔께쿠다사이
お降りの 際は お忘れ物の ないように お気をつけください。

이 전철은 급행이라서 당역은 서지 않습니다.
코노 덴샤와 큐－꼬－데스노데 토－에끼니와 토마리마셍
この 電車は 急行ですので 当駅には 止まりません。

승객 여러분께 안내 말씀 드리겠습니다.
고죠－샤노 오캬꾸사마니 오시라세이따시마스
ご乗車の お客様に お知らせいたします。

인신사고(인명사고)로 인해, 다음 역에 일단 정차하겠습니다.

진신지꼬노타메, 츠기노 에끼니 잇땅 테-샤이따시마스

人身事故のため、次の 駅に 一旦 停車いたします。

호우로 인해, 일부 구간에서 일시적으로 운행을 보류하겠습니다.

고-우노타메, 이찌부노 쿠깡데 이찌지 운뗑오 미아와세마스

豪雨のため、一部の 区間で 一時 運転を 見合わせます。

❹ 문제 발생 시 대처하기

잘못해서 반대 방향으로 탔어요.

마찌가에떼 한따이호-꼬-니 노리마시따

間違えて 反対方向に 乗りました。

IC카드를 잃어버렸어요.

아이씨카-도오 나꾸시떼 시마이마시따

ICカードを なくして しまいました。

잔액이 부족해요. 어떻게 하면 돼요?

잔다까가 타리마셍. 도- 스레바 이이데스까

残高が 足りません。どう すれば いいですか。

이쪽에서 정산해 주세요.

코찌라데 고세-상쿠다사이

こちらで ご精算ください。

전철에 가방을 두고 내렸어요.

덴샤니 카방오 오끼와스레마시따

電車に かばんを 置き忘れました。

분실물 센터에 가 보세요.

와스레모노센따-니 잇떼 미떼 쿠다사이

忘れ物センターに 行って みて ください。

이동할 때

숙박할 때

식사할 때

쇼핑할 때

관광할 때

긴급할 때

장소별 핵심 회화

버스에서

Track01-03

❶ 버스 승차장 위치 묻기

> **버스는 어디에서 타요?**
> 바스와 도꼬데 노리마스까
> バスは どこで 乗りますか。

>> **이쪽이에요.**
>> 코찌라데스
>> こちらです。

> **버스 타는 곳은 어디에 있나요?**
> 바스노리바와 도꼬니 아리마스까
> バス乗り場は どこに ありますか。

>> **저기에 있습니다.**
>> 아소꼬니 아리마스
>> あそこに あります。

> **난바역행 버스 정류장은 몇 번이에요?**
> 남바에끼유끼노 바스테-와 남방데스까
> 難波駅行きの バス停は 何番ですか。
>
> ➡ 가려는 목적지를 넣어 말해 보세요.

> **1번입니다.**
> 이찌방데스
> 1番です。

2번	3번	4번	5번	6번
니방	산방	욘방	고방	로꾸방
2番	3番	4番	5番	6番

38

② 문제 발생 시 대처하기

이 버스는 신주쿠역에 가나요?

코노 바스와 신쥬꾸에끼니 이끼마스까

この バスは 新宿駅に 行きますか。

→ 가려는 목적지를 넣어 말해 보세요.

다음이 신주쿠역인가요?

츠기와 신쥬꾸에끼데스까

次は 新宿駅ですか。

신주쿠역에 도착하면 알려주시겠어요?

신쥬꾸에끼니 츠이따라 오시에떼 모라에마스까

新宿駅に 着いたら 教えて もらえますか。

여기에 돈을 넣으면 되나요?

코꼬니 오카네오 이레따라 이이데스까

ここに お金を 入れたら いいですか。

여기에 카드를 찍으면 되나요?

코꼬니 카-도오 탓찌시따라 이이데스까

ここに カードを タッチしたら いいですか。

📷 사진으로 보는 여행 TIP

버스를 이용할 때도 스이카, 이코카, 파스모 등의 IC카드를 사용할 수 있는데, 지역에 따라 다르지만 보통 뒷문으로 승차해서 카드를 찍고, 앞문으로 내리면서 카드를 한 번 더 찍으면 됩니다.

만약 현금을 내고 탑승해야 한다면, 뒷문으로 승차하여 번호표를 뽑은 다음, 내릴 때 버스 앞의 전광판에서 내 번호에 해당하는 요금을 확인하고 요금을 내면 됩니다. 잔돈이 없을 때에는 버스 앞쪽에 있는 동전교환기를 이용하면 됩니다.

버스에서 내리기 ▶

택시에서

Track01-04

① 택시 타고 이동하기

> **어디까지 가세요?**
> 도찌라마데 이까레마스까
> どちらまで 行かれますか。

하카타역까지 부탁합니다.
하카따에끼마데 오네가이시마스
博多駅まで お願いします。

➡ 가려는 목적지를 넣어 말해 보세요.

이 주소로 가 주세요.
코노 쥬-쇼니 잇떼 쿠다사이
この 住所に 行って ください。

앞 차를 따라가 주세요.
마에노 쿠루마니 츠이떼 잇떼 쿠다사이
前の 車に ついて 行って ください。

국제선[국내선]까지 부탁합니다.
코꾸사이셍[코꾸나이셍]마데 오네가이시마스
国際線[国内線]まで お願いします。

카드 돼요?
카-도 츠까에마스까
カード 使えますか。

트렁크를 열어 주시겠어요?
토랑꾸오 아께떼 모라에마스까
トランクを 開けて もらえますか。

❷ 택시에서 내리기

여기에서 세워 주세요.
코꼬데 토메떼 쿠다사이
ここで 止めて ください。

→ **다음 신호**　　　**공원 앞**　　　**횡단보도**
츠기노 싱고-　　코-엥노 마에　　오-당호도-
次の 信号　　　公園の 前　　　横断歩道

거스름돈은 괜찮아요.
오쯔리와 이이데스
おつりは いいです。

❸ 문의 및 요청사항 말하기

아사쿠사까지 몇 분 걸려요?
아사꾸사마데 남뿐 카까리마스까
浅草まで 何分 かかりますか。

→ **가려는 목적지를 넣어 말해 보세요.**

냉방[난방]을 켜[꺼] 주세요.
쿠-라-[담보-]오 츠께떼[케시떼] 쿠다사이
クーラー[暖房]を つけて[消して] ください。

📷 사진으로 보는 여행 TIP

일본에서 택시를 타야 할 때 우버 택시를 이용하면 편리합니다. 한국에서 미리 다운로드해 가입해 둘 수 있고, 트래블카드 등을 등록해두면 일본에서 자동 결제가 됩니다.
이용할 때는 목적지를 입력하면 이용 가능한 택시와 예상 금액을 볼 수 있고, 차량 번호와 대기시간을 확인한 뒤 택시를 타면 됩니다.
참고로, 일본의 택시는 운전석이 오른쪽에 있고, 뒷문이 자동문이어서 직접 열고 닫는 게 아니라 기다려야 합니다.

택시 부르기 ▶

카드 결제하기 ▲

기차에서

Track01-05

❶ 승차권 구입하기

> **표 사는 곳은 어디예요?**
> 킵뿌우리바와 도꼬데스까
> 切符売り場は どこですか。

>> **저기예요.**
>> 아소꼬데스
>> あそこです。

> **신칸센 표는 어디에서 살 수 있나요?**
> 싱깐셍노 킵뿌와 도꼬데 카에마스까
> 新幹線の 切符は どこで 買えますか。

>> **녹색 창구에서 살 수 있어요.**
>> 미도리노 마도구찌데 카에마스
>> みどりの 窓口で 買えます。

>> **다음 분, 오세요.**
>> 츠기노 카따, 도ー조
>> 次の 方、どうぞ。

> **교토행 다음 신칸센은 몇 시예요?**
> 쿄ー또유끼노 츠기노 싱깐셍과 난지데스까
> 京都行きの 次の 新幹線は 何時ですか。
>
> → **가려는 목적지를 넣어 말해 보세요.**

>> **2시입니다.**
>> 니지데스
>> 2 時です。

지정석[그린석]은 얼마예요?

시떼-세끼[구리-잉샤]와 이꾸라데스까
指定席[グリーン車]は いくらですか。
し ていせき しゃ

● 그린석은 신칸센 등 열차의 최상급 차량입니다. 별도의 요금을 지불하면 이용할 수 있습니다.

자유석 1장 부탁합니다.

지유-세끼 이찌마이 오네가이시마스
自由席 1 枚 お願いします。
じ ゆうせき いちまい ねが

2장	3장	4장	5장	6장
니마이	삼마이	욤마이	고마이	로꾸마이
2枚 にまい	3枚 さんまい	4枚 よんまい	5枚 ごまい	6枚 ろくまい

왕복[편도] 2장 주세요.

오-후꾸[카따미찌] 니마이 쿠다사이
往復[片道] 2 枚 ください。
おうふく かたみち に まい

어른 2장, 아이 1장 주세요.

오또나 니마이, 코도모 이찌마이 쿠다사이
大人 2 枚、子供 1 枚 ください。
おとな に まい こ ども いちまい

📷 사진으로 보는 여행 TIP

'JR패스'는 일정 기간 동안 신칸센을 포함하여 공항에서 시내로 가는 특급열차, 일반열차, 버스까지 JR에서 운영하는 모든 노선을 자유롭게 이용할 수 있는 패스입니다. 전국에서 이용할 수 있는 전국 패스와 일정 지역 내에서만 이용 가능한 지역 패스가 있으므로 여행 계획에 맞춰 구입해 이용하면 교통비를 절감할 수 있습니다.

또한, 신칸센을 이용할 때 수하물은 선반 위, 수하물 보관소, 맨 뒷줄 좌석 뒤, 좌석 발 밑 등에 두면 됩니다. 다만, 도카이도·산요·규슈 신칸센에서는 맨 뒷줄 좌석 뒤가 앞 좌석 승객 전용이기 때문에 다른 사람은 수하물을 두면 안 됩니다.

② 기차 타고 이동하기

다음은 도쿄역인가요?
츠기와 토-꾜-에끼데스까
次は 東京駅ですか。

　└→ **가려는 목적지를 넣어 말해 보세요.**

저기요, 여기 제 자리인데요.
스미마셍, 코꼬 와따시노 세끼난데스가
すみません、ここ 私の 席なんですが。

의자를 뒤로 젖혀도 되나요?
이스오 타오시떼모 이이데스까
いすを 倒しても いいですか。

아이가 시끄럽게 해서 죄송합니다.
코도모가 우루사꾸 시떼 스미마셍
子供が うるさく して すみません。

아이가 의자를 발로 차서, 죄송합니다.
코도모가 이스오 켓떼 시마이, 스미마셍
子供が いすを 蹴って しまい、すみません。

③ 문제 발생 시 대처하기

표를 잃어버렸어요. 어떻게 하면 돼요?
킵뿌오 나꾸시떼 시마이마시따. 도- 스레바 이이데스까
切符を なくして しまいました。どう すれば いいですか。

이 표를 취소[환불]하고 싶어요.
코노 킵뿌오 꺈세루[하라이모도시]시따이데스
この 切符を キャンセル[払い戻し]したいです。

죄송합니다만, 취소[환불]은 안 됩니다.
모-시와께고자이마셍가, 꺈세루[하라이모도시]와 데끼마셍
申し訳ございませんが、キャンセル[払い戻し]は できません。

신칸센을 놓쳤어요.
싱깐센니 노리오꾸레마시따
新幹線に 乗り遅れました。

다음 신칸센을 이용해 주세요.
츠기노 싱깐센오 고리요-쿠다사이
次の 新幹線を ご利用ください。

이동할 때
숙박할 때
식사할 때
쇼핑할 때
관광할 때
긴급할 때

📷 사진으로 보는 여행 TIP

'에키벤(駅弁, 에끼벵)'이란 일본의 기차역에서 판매하는 도시락으로, 지역 특산물과 조리법을 이용해 만든 도시락입니다. 종류도 아주 많아서 일본의 한 케이블 여행 채널에서는 에키벤을 먹으며 일본을 누비는 여행 프로그램이 방영되기도 했고, 한국에서는 케이블 일본 문화 채널에서 '일본 기차 도시락'이라는 이름으로 방영했습니다.

에키벤 둘러 보기 ▶

이 에키벤은 얼마예요?
코노 에끼벵와 이꾸라데스까
この 駅弁は いくらですか。

1,100엔입니다.
센햐꾸엔데스
1,100円です。

신칸센 안에서 먹어도 되나요?
싱깐센노 나까데 타베떼모 이이데스까
新幹線の 中で 食べても いいですか。

네, 상관없어요.
하이, 카마이마셍요
はい、構いませんよ。

🚗 렌터카 업체/주유소에서

Track01-06

❶ 렌터카 픽업하기

> **예약한 이동우입니다.**
> 요야꾸시따 이·동우데스
> 予約した イ·ドンウです。
>
> ➜ 본인의 이름을 넣어 말해 보세요.

▲ 렌터카
픽업하기

> **인터넷에서 예약했어요.**
> 인따-넷또데 요야꾸시마시따
> インターネットで 予約しました。

> **여권과 운전면허증을 부탁드립니다.**
> 파스뽀-또또 운뗑멩꾜쇼-오 오네가이이따시마스
> パスポートと 運転免許証を お願いいたします。

> **성함과 전화번호 부탁드립니다.**
> 오나마에또 오뎅와방고-오 오네가이이따시마스
> お名前と お電話番号を お願いいたします。

> **긴급 연락처를 써 주세요.**
> 킹뀨-렌라꾸사끼오 고키뉴-쿠다사이
> 緊急連絡先を ご記入ください。

> **15일 반납 맞으시죠?**
> 쥬-고니찌노 고헹꺄꾸데 요로시이데쇼-까
> 15日の ご返却で よろしいでしょうか。
>
> ⏺ 렌터카 반납은 동선에 맞춰서 원하는 지점으로 선택해 반납이 가능합니다.

> **금연차 맞으세요?**
> 킹엔샤데 요로시깟따데스까
> 禁煙車で よろしかったですか。

내용을 확인하셨으면 사인해 주세요.
나이요-오 카꾸닝사레마시따라 사잉오 오네가이이따시마스
内容を 確認されましたら サインを お願いいたします。

이동할 때

숙박할 때

식사할 때

쇼핑할 때

관광할 때

긴급할 때

❷ 옵션 이용 선택하기

ETC카드는 이용하시나요?
이티씨카-도와 고리요-데쇼-까
ETCカードは ご利用でしょうか。

베이비시트[차일드시트]는 사용하시나요?
베비-시-또[챠이루도시-또]와 오츠까이데쇼-까
ベビーシート[チャイルドシート]は お使いでしょうか。

● 일본에서는 6세 미만의 영유아를 태우고 운전할 때 카시트를 사용해야 하는 것이
  법으로 정해져 있습니다.

네[아니요].
하이[이이에]
はい[いいえ]。

📷 사진으로 보는 여행 TIP

'ETC카드'는 우리나라의 하이패스 카드와 같이 현금 없
이 유료 도로 톨게이트를 통과할 수 있는 자동 시스템
입니다. ETC카드를 이용하면 유료 도로 통행료가 현금,
카드로 결제할 때 보다 저렴하기 때문에 이용하는 것이
좋습니다.
ETC카드는 미리 신청할 수도 있고, 렌터카를 픽업할 때
추가할 수도 있습니다. ETC카드를 대여할 때 대여 비용
은 렌터카를 픽업할 때 지불하면 되고, 통행료는 나중에
반납할 때 정산하면 됩니다.

톨게이트 통과하기 ▶

❸ 이용 안내받기

돌아오는 건 내일 19시로 해드릴까요?
오카에리와 아스노 쥬-쿠지데 요로시이데쇼-까
お帰りは 明日の 19時で よろしいでしょうか。

ETC카드 렌탈은 하루에 300엔입니다.
이티씨카-도노 렌따루와 이찌니찌 삼뱌꾸엔데스
ETCカードの レンタルは 一日 300円です。

면책보증은 하루에 1,000엔입니다.
멩세끼호쇼-와 이찌니찌 셍엔데스
免責補償は 一日 1,000円です。

마지막에 주유한 영수증을 가져와 주세요.
사이고니 큐-유시따 레시-또오 오모찌쿠다사이
最後に 給油した レシートを お持ちください。

긴급상황 시에는 이 번호로 연락해 주세요.
킹뀨-노 사이니와 코찌라노 방고-니 고렌라꾸쿠다사이
緊急の 際には こちらの 番号に ご連絡ください。

한국어 또는 영어 대응이 가능합니다.
캉꼬꾸고 마따와 에-고데노 타이오-가 데끼마스
韓国語 または 英語での 対応が できます。

❹ 주유하기

어서오세요. (주유는) 어떻게 하시겠어요?
이랏샤이마세. 도- 사레마스까
いらっしゃいませ。どう されますか。

휘발유 가득 넣어주세요.
레규라- 만땅데 오네가이시마스

レギュラー 満タンで お願いします。

▲주유하기

● 일본에서는 일반적으로 렌트를 할 때 기름을 가득 채운 상태로 렌트하고, 반납할 때도 처음 가득(満たん, 만땅) 채운 상태로 반납해야 합니다. 또한, 일반 휘발유를 '레규라-(レギュラー)', 고급 휘발유를 '하이오꾸(ハイオク)'라고 합니다.

주유구를 열어주시겠어요?
큐-유꼬-오 아께떼 모라에마스까

給油口を 開けて もらえますか。

쓰레기(버릴 것) 없으세요?
고미와 아리마셍까

ゴミは ありませんか。

없어요.
나이데스

ないです。

창문을 닦아드릴까요?
마도오 오후끼시마쇼-까

窓を お拭きしましょうか。

이동할 때

숙박할 때

식사할 때

쇼핑할 때

관광할 때

긴급할 때

📷 사진으로 보는 여행 TIP

일본은 길에 주차하는 것이 불법이기 때문에 반드시 주차장에 주차를 해야 합니다. 따라서 코인파킹 주차장이 활성화되어 있으며, 곳곳에서 쉽게 찾을 수 있습니다. 빈 자리에 주차를 하고, 나갈 때 셀프 정산기로 정산을 하고 나가면 됩니다.

또한, 일본은 한국과 반대로 좌측통행이고, 운전석과 방향지시등, 와이퍼 등의 조작도 반대여서 운전 시 주의가 필요합니다. 대부분의 도로는 비보호 우회전이며, 유턴 금지 표시가 없으면 어디서든 유턴이 가능합니다.

셀프정산하기▲

숙박할 때

상황별 필수 회화

- 체크인/체크아웃할 때
- 호텔 이용 문의할 때
- 용품 및 서비스 요청할 때
- 숙박 중 불편사항 말할 때
- 짐을 맡길 때

장소별 핵심 회화

- 료칸에서
- 게스트하우스/에어비앤비에서
- 넷카페에서

체크인/체크아웃할 때

❶ 체크인하기

체크인 부탁합니다.
첵꾸잉 오네가이시마스
チェックイン お願いします。

> 핵심표현5 ~부탁합니다
> = ~오네가이시마스

- 💽 요즘에는 숙소에서 미리 받은 QR코드로 체크인하는 곳도 많이 있습니다.

여권 부탁드립니다.
파스뽀ー또 오네가이이따시마스
パスポート お願いいたします。

1박 맞으십니까?
입빠꾸데 요로시이데쇼ー까
1泊で よろしいでしょうか。

2박	**3박**	**4박**	**5박**
니하꾸	삼빠꾸	욘하꾸	고하꾸
2泊	3泊	4泊	5泊

여기에 성함과 전화번호 부탁드립니다.
코찌라니 오나마에또 오뎅와방고ー오 오네가이이따시마스
こちらに お名前と お電話番号を お願いいたします。

여기에 서명 부탁드립니다.
코찌라니 사잉오 오네가이이따시마스
こちらに サインを お願いいたします。

어메니티는 저쪽에서 필요하신 것을 (자유롭게) 가져가세요.
아메니티와 아찌라까라 히쯔요ー나모노오 (고지유ー니) 오토리쿠다사이
アメニティは あちらから 必要なものを (ご自由に) お取りください。

엘리베이터는 저쪽에 있습니다.
에레베ー따와 아찌라니 고자이마스
エレベーターは あちらに ございます。

주차장 이용하십니까?
츄-샤죠-노 고리요-와 고자이마스까
駐車場の ご利用は ございますか。

❷ 원하는 방 요청하기

전망 좋은 방을 부탁합니다.
나가메노 이이헤야오 오네가이시마스
眺めの いい部屋を お願いします。

조용한 방	코너 방	오션뷰	낮은 층
시즈까나 헤야	카도베야	오-샨뷰-	테-소-까이
静かな 部屋	角部屋	オーシャンビュー	低層階

금연룸으로 바꿔 주시겠어요?
킹엔루-무니 카에떼 모라에마스까
禁煙ルームに 変えて もらえますか。

핵심표현8 ~해 주시겠어요?
= ~떼 모라에마스까

흡연룸	싱글룸	더블룸
키쯔엔루-무	싱구루루-무	다부루루-무
喫煙ルーム	シングルルーム	ダブルルーム

트윈룸	트리플룸	일본식 방
츠인루-무	토리뿌루루-무	와시쯔
ツインルーム	トリプルルーム	和室

지금, 만실입니다.
타다이마, 만시쯔데스
只今、満室です。

알겠습니다. 잠시만 기다려 주세요.
카시꼬마리마시따. 쇼-쇼- 오마찌쿠다사이
かしこまりました。 少々 お待ちください。

이동할 때 / 숙박할 때 / 식사할 때 / 쇼핑할 때 / 관광할 때 / 긴급할 때

❸ 얼리 체크인/레이트 체크아웃 확인하기

얼리 체크인 할 수 있나요?
아-리-첵꾸잉 데끼마스까

アーリーチェックイン できますか。

핵심표현1) ~할 수 있나요?
= ~데끼마스까

체크인은 이쪽에서 부탁드립니다.
첵꾸잉와 코찌라데 오네가이이따시마스

チェックインは こちらで お願いいたします。

QR코드로 체크인 부탁드립니다.
큐아루코-도데 첵꾸잉오 오네가이이따시마스

QRコードで チェックインを お願いいたします。

레이트 체크아웃 할 수 있나요?
레이또첵꾸아우또 데끼마스까

レイトチェックアウト できますか。

네, 가능합니다만, 추가 요금이 부과됩니다.
하이, 데끼마스가, 츠이까료-낑가 카까리마스

はい、できますが、追加料金が かかります。

❹ 체크아웃하기

체크아웃 부탁합니다.
첵꾸아우또 오네가이시마스

チェックアウト お願いします。

핵심표현5) ~부탁합니다
= ~오네가이시마스

- 요즘은 체크인할 때 기계로 체크인을 하고, 체크아웃할 때는 카드키를 기계에 다시 넣기만 하면 되는 호텔이 많아졌습니다.

미니바는 이용하셨나요?
미니바-노 고리요-와 고자이마스까
ミニバーの ご利用は ございますか。

아니요[네].
이이에[하이]
いいえ[はい]。

놓고 가신 물건은 없으신가요?
오와스레모노와 고자이마셍까
お忘れ物は ございませんか。

주차 할인권입니다.
츄-샤죠-노 와리비끼껭니 나리마스
駐車場の 割引券に なります。

- 일본에서는 숙박한 호텔이라고 무조건 무료 주차는 아닙니다. 지역에 따라 무료인 곳도 있고 주차 할인권을 주는 곳도 있습니다.

이동할 때

숙박할 때

식사할 때

쇼핑할 때

관광할 때

긴급할 때

📷 사진으로 보는 여행 TIP

일본의 호텔이나 료칸 등에 체크인할 때 숙박세를 요구 받는 경우가 있습니다. 숙박세는 일본의 여관업법에 따라 숙박 시설에 투숙할 때 부과되는 세금으로, 2020년 4월부터 시행하고 있습니다. 이미 숙박 시설 요금을 지불했더라도 추가로 내야 하며, 지불한 숙박비와 지역에 따라 숙박세는 각각 다릅니다.

200엔의 숙박세가 부과됩니다.
니햐꾸엔노 슈꾸하꾸제-가 카까리마스
200円の 宿泊税が かかります。

🛏 호텔 이용 문의할 때

Track02-02

❶ 호텔 내 시설 위치 묻기

레스토랑은 어디에 있나요?
레스또랑와 도꼬니 아리마스까
レストランは どこに ありますか。

> 핵심표현3 ~있나요?
> = ~아리마스까

라운지	**헬스장**	**흡연실**	**비즈니스센터**
라운지	지무	키쯔엔시쯔	비지네스센따-
ラウンジ	ジム	喫煙室	ビジネスセンター

세탁실	**자판기**	**전자레인지**	**제빙기**
란도리-	지도-함바이끼	덴시렌지	세이효-끼
ランドリー	自動販売機	電子レンジ	製氷機

5층에 있습니다.
고까이니 고자이마스
5階に ございます。

1층	**2층**	**3층**	**4층**	**5층**
익까이	니까이	상가이	욘까이	고까이
いっかい 1階	にかい 2階	さんがい 3階	よんかい 4階	ごかい 5階

6층	**7층**	**8층**	**9층**	**10층**
록까이	나나까이	하찌까이	큐-까이	쥿까이
ろっかい 6階	ななかい 7階	はちかい 8階	きゅうかい 9階	じゅっかい 10階

❷ 조식 이용 문의하기

조식은 몇 시부터 몇 시까지예요?
쵸-쇼꾸와 난지까라 난지마데데스까
朝食は 何時から 何時まで ですか。

오전 6시부터 9시까지입니다.
고젱 로꾸지까라 쿠지마데데스
午前 6時から 9時まで です。

조식당은 어디예요?

쵸-쇼꾸카이죠-와 도꼬데스까

<ruby>朝食会場<rt>ちょうしょくかいじょう</rt></ruby>は どこですか。

핵심표현4) ~어디예요?
= ~도꼬데스까

1층 레스토랑입니다.

익까이노 레스또랑데스

<ruby>1階<rt>いっかい</rt></ruby>の レストランです。

조식 추가할 수 있나요?

쵸-쇼꾸오 츠이까 데끼마스까

<ruby>朝食<rt>ちょうしょく</rt></ruby>を <ruby>追加<rt>ついか</rt></ruby> できますか。

핵심표현1) ~할 수 있나요?
= ~데끼마스까

방 번호가 어떻게 되십니까?

오헤야방고- 요로시이데쇼-까

<ruby>お部屋番号<rt>へ やばんごう</rt></ruby> よろしいでしょうか。

❸ **호텔 서비스 문의하기**

어메니티는 무료예요?

아메니티와 무료-데스까

アメニティは <ruby>無料<rt>むりょう</rt></ruby>ですか。

수영장	미니바	칫솔	수건
푸-루	미니바-	하부라시	타오루
プール	ミニバー	<ruby>歯<rt>は</rt></ruby>ブラシ	タオル

와이파이 비밀번호가 뭐예요?

와이화이노 파스와-도와 난데스까

Wi-Fiの パスワードは <ruby>何<rt>なん</rt></ruby>ですか。

다음 셔틀버스는 몇 시예요?

츠기노 샤또루바스와 난지데스까

<ruby>次<rt>つぎ</rt></ruby>の シャトルバスは <ruby>何時<rt>なん じ</rt></ruby>ですか。

이동할 때

숙박할 때

식사할 때

쇼핑할 때

관광할 때

긴급할 때

🛏 용품 및 서비스 요청할 때

Track02-03

❶ 각종 용품 요청하기

화장지를 가져다 주세요.

핵심표현7 ~해 주세요
= ~떼 쿠다사이

토이렛또페ー빠ー오 못떼 키떼 쿠다사이

トイレットペーパーを 持って きて ください。

목욕수건 바스타오루 バスタオル	**수건** 타오루 タオル	**가운** 가웅 ガウン
슬리퍼 스립빠 スリッパ	**칫솔** 하부라시 歯ブラシ	**비누** 섹껭 石鹸

🔘 대부분의 일본 호텔은 일회용 스킨, 로션, 폼클렌징, 치약, 칫솔 등을 제공합니다.

이불을 하나 추가할 수 있나요?

핵심표현1 ~할 수 있나요?
= ~데끼마스까

후똥오 히또쯔 츠이까 데끼마스까

布団を 一つ 追加 できますか。

엑스트라 베드 에끼스또라벳도 エキストラベッド	**베개** 마꾸라 枕	**유아 침대** 베비ー벳도 ベビーベッド

두통약 있나요?

핵심표현3 ~있나요?
= ~아리마스까

즈쯔ー야꾸 아리마스까

頭痛薬 ありますか。

해열제 게네쯔자이 解熱剤	**반창고** 반소ー꼬ー 絆創膏	**지사제(설사약)** 게리도메 下痢止め	**체온계** 타이옹께ー 体温計

죄송합니다만, 의약품 제공은 안 됩니다.

모ー시와께고자이마셍가, 이야꾸힝노 고테이꾜ー와 데끼마셍

申し訳ございませんが、医薬品の ご提供は できません。

우산을 빌려 주시겠어요?
카사오 카시떼 모라에마스까
傘を 貸して もらえますか。

핵심표현8 ~해 주시겠어요?
= ~떼 모라에마스까

변압기	충전기	가습기	담요
헹아쯔끼	쥬-덴끼	카시쯔끼	모-후
変圧器	充電器	加湿器	毛布

유아 변기	침대 안전 가드	다리미	와인 오프너
호죠벤자	벳도가-도	아이롱	와잉오-푸나-
補助便座	ベッドガード	アイロン	ワインオープナー

● ~て もらえますか(~떼 모라에마스까, ~해 주시겠어요?) 외에 ~借りられますか
(~카리라레마스까, ~빌릴 수 있나요?)라는 표현도 쓸 수 있습니다.

바로 가져다 드리겠습니다.
스구니 오모찌이따시마스
すぐに お持ちいたします。

📸 사진으로 보는 여행 TIP

한국은 전압이 220V이고, 일본은 110V이기 때문에 짐을 쌀 때 흔히 돼지코라고 부르는 소켓 변환 플러그를 반드시 챙겨야 합니다. 플러그를 챙겼다고 해도, 고데기 등 한국에서 가져가는 제품이 프리 볼트 제품인지 확인하고 사용해야 하며, 프리 볼트 제품이 아닌 경우 작동이 안 되거나 고장 날 수 있습니다.
만약 플러그를 안 챙겼다면 현지의 빅카메라나 돈키호테 등에서 구매할 수 있습니다. 아니면 호텔에서 빌릴 수도 있는데, 모든 호텔이 플러그를 구비하고 있는 것은 아니기 때문에 반드시 여행 전 플러그를 챙겼는지 확인합시다.

이동할 때

숙박할 때

식사할 때

쇼핑할 때

관광할 때

긴급할 때

② 각종 서비스 요청하기

방 청소를 부탁합니다.

핵심표현5 ~부탁합니다
= ~오네가이시마스

헤야노 소-지오 오네가이시마스

部屋の 掃除を お願いします。

환전	모닝콜	세탁
료-가에	모-닝구코-루	란도리-사-비스
両替	モーニングコール	ランドリーサービス

룸서비스	방 변경	식사 예약
루-무사-비스	헤야노 헹꼬-	쇼꾸지노 요야꾸
ルームサービス	部屋の 変更	食事の 予約

네, 알겠습니다.

하이, 카시꼬마리마시따

はい、かしこまりました。

귀중품을 맡아 주시겠어요?

핵심표현8 ~해 주시겠어요?
= ~떼 모라에마스까

키쬬-힝오 아즈깟떼 모라에마스까

貴重品を 預かって もらえますか。

방에 있는 세이프티 박스를 이용해 주세요.

오헤야노 세-후티복꾸스오 고리요-쿠다사이

お部屋の セーフティボックスを ご利用ください。

택시를 불러 주세요.

핵심표현7 ~해 주세요
= ~떼 쿠다사이

타꾸시-오 욘데 쿠다사이

タクシーを 呼んで ください。

어디까지 가십니까?

도찌라마데 이까레마스까

どちらまで 行かれますか。

방에 열쇠를 두고 나왔어요.

헤야니 카기오 오이떼 데떼 시마이마시따

部屋に 鍵を 置いて 出て しまいました。

방 번호가 어떻게 되십니까?

오헤야방고- 요로시이데쇼-까

お部屋番号 よろしいでしょうか。

열쇠를 잃어버렸어요.

카기오 나꾸시떼 시마이마시따

鍵を なくして しまいました。

죄송합니다만, 분실료가 부과됩니다.

모-시와께고자이마셍가, 사이학꼬-테스-료-가 카까리마스

申し訳ございませんが、再発行手数料が かかります。

충전기를 놓고 왔는데요, 어떻게 하면 돼요?

쥬-뎅끼오 오이떼 키딴데스가, 도- 스레바 이이데스까

充電器を 置いて きたんですが、どう すれば いいですか。

몇 호실이십니까?

낭고-시쯔데스까

何号室ですか。

이동할 때

숙박할 때

식사할 때

쇼핑할 때

관광할 때

긴급할 때

📷 사진으로 보는 여행 TIP

일본 여행 중 호텔에 물건을 놓고 나온 경우, 호텔에 연락해서 한국으로 택배를 받을 수도 있지만, 일본의 법에 의해 귀중품이나 현금이 들어 있는 지갑 같은 경우 한국으로 보낼 수 없어 직접 찾으러 가는 수밖에 없습니다.

이때는 일본 업무 대행 심부름센터 등 호텔에서 대리인 자격으로 분실물을 수령하고 한국으로 보내주는 서비스 업체가 있으니 참고하면 좋습니다.

🛏 숙박 중 불편사항 말할 때

Track02-04

❶ 불편사항 말하기

503호실인데요.
고햐꾸상고-시쯔데스가
ごひゃくさんごうしつ
５０３号室ですが。

무슨 일이십니까?
도- 사레마시따까
どう されましたか。

에어컨이 안 켜져요.
쿠-라-가 츠끼마셍
クーラーが つきません。

난방	텔레비전	불	공기청정기	가습기
담보-	테레비	뎅끼	쿠-끼세-죠-끼	카시쯔끼
だんぼう 暖房	テレビ	でんき 電気	くうき せいじょうき 空気清浄機	かしつき 加湿器

문이 안 열려요.
도아가 아끼마셍
ドアが 開きません。

리모콘이 고장난 것 같아요.
리모꽁가 코와레떼이루 미따이데스
リモコンが 壊れている みたいです。

방을 바꿨으면 좋겠어요.
헤야오 카에떼 호시이데스
へや か
部屋を 変えて ほしいです。

뜨거운 물(온수)이 안 나와요.

오유가 데마셍

お湯が 出ません。

세면대가 막혔어요. (물이 안 내려가요.)

셈멘다이가 츠맛떼 이마스

洗面台が 詰まって います。

하수구에서 냄새가 나요.

하이스이꼬-까라 니오이가 시마스

排水口から 匂いが します。

담배 냄새가 나요.

타바꼬노 니오이가 시마스

タバコの 匂いが します。

옆방이 시끄러워요.

토나리노 헤야가 우루사이데스

隣の 部屋が うるさいです。

죄송합니다. 바로 가겠습니다.

모-시와께고자이마셍. 스구니 마이리마스

申し訳 ございません。すぐに 参ります。

잠시만 기다려 주세요.

쇼-쇼- 오마찌쿠다사이

少々 お待ちください。

✈️📷 사진으로 보는 여행 TIP

일본의 '골든위크(5월 첫째 주)', '오봉(8월 중순)', '연말연시 (12월 말~1월 초)'는 장기 연휴 기간이므로, 이 기간 중에는 여 행 관광지는 물론, 교통, 숙박 예약 또한 치열하고 가격도 다 른 때보다 훨씬 비쌉니다. 참고하세요.

🚗 이동할 때

🏨 숙박할 때

🍴 식사할 때

🛍️ 쇼핑할 때

📷 관광할 때

🚨 긴급할 때

🛏 짐을 맡길 때

Track02-05

❶ 짐 맡기기

짐을 맡아 주시겠어요?
니모쯔오 아즈깟떼 모라에마스까
荷物を 預かって もらえますか。

핵심표현8 ~해 주시겠어요?
= ~떼 모라에마스까

- 📷 일본에서 체크인을 하기 전이나 체크아웃을 한 후에도 숙박시설에 짐을 맡길 수 있습니다.

성함이 어떻게 되십니까?
오나마에 요로시이데쇼-까
お名前 よろしいでしょうか。

(이름 확인 후) 여권 부탁드립니다.
파스뽀-또 오네가이이따시마스
パスポート お願いいたします。

짐은 몇 개입니까?
오니모쯔와 오이꾸쯔데스까
お荷物は おいくつですか。

이것뿐입니다.
코레다께데스
これだけです。

안에 귀중품은 없으신가요?
나까니 키쮸-힝와 고자이마셍까
中に 貴重品は ございませんか。

(짐 확인 후) 이쪽으로 오세요.
코찌라에 도-조
こちらへ どうぞ。

이동할 때

숙박할 때

식사할 때

쇼핑할 때

관광할 때

긴급할 때

여기 번호표입니다.
코찌라가 방고-후다니 나리마스
こちらが 番号札に なります。

❷ 짐 찾기

짐을 가지러 왔어요.
니모쯔오 토리니 키마시따
荷物を 取りに 来ました。

번호표는 갖고 계십니까?
방고-후다와 오모찌데쇼-까
番号札は お持ちでしょうか。

네, 여기요.
하이, 코레데스
はい、これです。

한 개 더 있는데요.
모- 히또쯔 아룬데스가
もう 一つ あるんですが。

잠시만 기다려 주세요.
쇼-쇼- 오마찌쿠다사이
少々 お待ちください。

📷 사진으로 보는 여행 TIP

일반적으로 체크인 전, 체크아웃 후에 대부분의 호텔에서 짐을 맡길 수 있는데, "니모쯔오 아즈깟떼 모라에마스까?(荷物を 預かってもらえますか, 짐을 맡아 주시겠어요?)"라고 말하면 여권을 확인한 후에 번호표를 줍니다. 그러나 호텔마다 짐을 보관하는 시스템이 달라서 번호표를 받아 보관하는 곳이 있는가 하면, 짐 보관함에 비밀번호를 설정해 보관하는 경우도 있습니다.

짐 맡기기▶

🛏 료칸에서

Track02-06

❶ 체크인하기

체크인 부탁합니다.
쳅꾸잉 오네가이시마스
チェックイン お願いします。

석식은 6시 반, 7시 반, 8시 반 언제로 해드릴까요?
고유-쇼꾸와 로꾸지항, 시찌지항, 하찌지항노 이쯔가 요로시이데쇼-까
ご夕食は 6時半、7時半、8時半の いつが よろしいでしょうか。

7시 반으로 부탁합니다.
시찌지항데 오네가이시마스
7時半で お願いします。

석식은 별관에 준비되어 있습니다.
고유-쇼꾸와 벡깡니 고즘비시떼 오리마스
ご夕食は 別館に ご準備して おります。

숙박 고객은 대욕장을 무료로 이용하실 수 있습니다.
고슈꾸하꾸노 오캬꾸사마와 다이요꾸죠-오 무료-데 고리요-이따다께마스
ご宿泊の お客様は 大浴場を 無料で ご利用いただけます。

노천탕	가족탕	라운지	조식	맥주
로템부로	카조꾸부로	라운지	쵸-쇼꾸	비-루
露天風呂	家族風呂	ラウンジ	朝食	ビール

외출 시에는 열쇠를 프런트에 맡겨 주시기 바랍니다.
가이슈쯔노 사이니와 카기오 후론또니 오아즈께쿠다사이
外出の 際には 鍵を フロントに お預けください。

❷ 가이세키(석식) 먹기

방 번호가 어떻게 되십니까?
오헤야방고- 요로시이데쇼-까
お部屋番号 よろしいでしょうか。

203호실입니다.
니햐꾸상고-시쯔데스
２０３号室です。

이 자리 괜찮으십니까?
코찌라노 오세끼데 요로시이데쇼-까
こちらの お席で よろしいでしょうか。

디저트[음료] 가져다 드릴까요?
데자-또[오노미모노]오 오모찌이따시마쇼-까
デザート[お飲み物]を お持ちいたしましょうか。

네, 부탁합니다.
하이, 오네가이시마스
はい、お願いします。

나중에 부탁합니다.
아또데 오네가이시마스
あとで お願いします。

이동할 때
숙박할 때
식사할 때
쇼핑할 때
관광할 때
긴급할 때

⁺📷 사진으로 보는 여행 TIP

가이세키 요리는 작은 그릇에 다양한 음식이 순차적으로 나오
는 전통 일본식 코스요리로, 계절에 따른 제철 식재료를 사용
하여 코스마다 재료, 맛, 조리법이 겹치지 않게 구성합니다. 료
칸의 식당에서 먹을 수도 있고, 객실에서 프라이빗하게 즐길
수도 있습니다.

❸ 온천 이용 시간 묻기

> **온천은 몇 시부터 몇 시까지예요?**
> 온셍와 난지까라 난지마데데스까
> 温泉は 何時から 何時までですか。

> **저녁은 12시까지이고 아침은 6시부터 9시까지입니다.**
> 요루와 쥬-니지마데데 아사와 로꾸지까라 쿠지마데데스
> 夜は 12時までで、朝は 6時から 9時までです。

❹ 온천 이용하기

> **대욕장은 이 통로 안쪽에 있습니다.**
> 다이요꾸죠-와 코노 츠로-노 오꾸니 고자이마스
> 大浴場は この 通路の 奥に ございます。

> **수건 1장 더 주시겠어요?**
> 타오루오 모- 이찌마이 모라에마스까
> タオルを もう 1枚 もらえますか。

> **수건은 방에서 가져가 주세요.**
> 타오루와 오헤야까라 오모찌쿠다사이
> タオルは お部屋から お持ちください。

> **어린이용[애기용] 유카타도 있나요?**
> 코모도요-[아까짱요-]노 유까따모 아리마스까
> 子供用[赤ちゃん用]の 浴衣も ありますか。

> **유카타는 방에 준비되어 있습니다.**
> 유까따와 오헤야니 고요-이시떼 오리마스
> 浴衣は お部屋に ご用意して おります。

유카타는 저기에서 좋아하는 것을 골라 주세요.

유까따와 아찌라까라 오스끼나 모노오 오에라비쿠다사이

浴衣(ゆかた)は あちらから お好(す)きな ものを お選(えら)びください。

> ● 유카타를 입을 때는 내 기준으로 왼쪽 깃이 위로 올라가도록 입어야 합니다. 반대
> 방향은 죽은 사람에게 입히는 방법이니 주의해야 합니다.

❺ 가족탕 예약하기

가족탕은 예약제[유료]입니다.

카조꾸부로와 요야꾸세ー[유ー료ー]데 고자이마스

家族風呂(かぞくぶろ)は 予約制(よやくせい)[有料(ゆうりょう)]で ございます。

> ● 가족탕이란 다른 손님들과 공동으로 이용하지 않고 가족끼리 따로 이용할 수 있는
> 목욕탕을 말합니다.

8시에 예약할 수 있나요?

하찌지니 요야꾸데끼마스까

8時(はちじ)に 予約(よやく)できますか。

> ● 家族風呂(かぞくぶろ)・貸切風呂(かしきりぶろ) 팻말을 사용 중으로 바꿔서 사용합니다.

프런트에서[객실 전화로] 가족탕 예약이 가능합니다.

후론또데[오헤야노 뎅와까라] 카조꾸부로노 고요야꾸가 데끼마스

フロントで[お部屋(へや)の電話(でんわ)から] 家族風呂(かぞくぶろ)の ご予約(よやく)が できます。

이동할 때

숙박할 때

식사할 때

쇼핑할 때

관광할 때

긴급할 때

📷 사진으로 보는 여행 TIP

일본의 온천에 들어갈 때 주의해야 할 점이 몇 가지 있습니다.
① 탕에 들어가기 전에 몸 씻기
② 탕에 들어갈 때 수건을 물속에 담그지 않기
③ 세탁이나 염색하지 않기
④ 때 밀지 않기
⑤ 머리가 긴 경우 묶어 올리기
또한 최근에는 문신이 패션으로 받아들여져 대중화되고 있지만,
아직까지 큰 문신을 한 경우에는 일부 온천에서는 입장이 불가
하므로 주의해야 합니다.

게스트하우스/에어비앤비에서

Track02-07

① **숙소 시설 및 이용 문의하기**

전자레인지 사용법을 알려 주세요.

덴시렌지노 츠까이까따오 오시에떼 쿠다사이

電子レンジの 使い方を 教えて ください。

→ **가스레인지** **전기포트** **에어컨** **인터넷**
　가스렌지　　 뎅끼폿또　 쿠-라-　 인따-넷또

　ガスレンジ　電気ポット　クーラー　インターネット

● 요즘은 일본에서 글램핑 숙박을 하는 여행객들도 많습니다. 글램핑장에서도 쓸 수 있는 표현들이니 참고하면 좋습니다.

방에 금고가 있나요?

헤야니 킹꼬와 아리마스까

部屋に 金庫は ありますか。

→ **컴퓨터** **이층침대** **부엌** **전자레인지**
　콤뷰-따-　 니당벳도　 킷칭　　 덴시렌지

　コンピューター　二段ベッド　キッチン　電子レンジ

　창문 **헤어드라이기** **어메니티** **텔레비전**
　마도　 도라이야-　 아메니티　 테레비

　窓　　 ドライヤー　 アメニティ　 テレビ

담배는 어디에서 필 수 있나요?

타바꼬와 도꼬데 스에마스까

タバコは どこで 吸えますか。

화장실[샤워실]은 공동인가요?

토이레[샤와-]와 쿄-도-데스까

トイレ[シャワー]は 共同ですか。

통금 시간은 있나요?
몽겐와 아리마스까
門限は ありますか。
<small>もんげん</small>

자전거 빌려 주시겠어요?
지뗀샤오 카시떼 모라에마스까
自転車を 貸して もらえますか。
<small>じ てんしゃ   か</small>

> ● 게스트하우스나 호텔 투숙객에게 무료로 전기자전거를 대여해 주는 곳도 있고, 'hello cycling'이나 'charichari' 등의 유료 어플로 전기자전거, 일반 자전거, 킥보드 등을 저렴하게 이용할 수도 있습니다.

여기에서 요리할 수 있나요?
코꼬데 료-리 데끼마스까
ここで 料理 できますか。
<small>りょう り</small>

근처에 편의점이 있나요?
치까꾸니 콤비니와 아리마스까
近くに コンビニは ありますか。
<small>ちか</small>

슈퍼	식당	이자카야	약국	가라오케
스-빠-	쇼꾸도-	이자까야	약꼬꾸	카라오께
スーパー	食堂	居酒屋	薬局	カラオケ
	<small>しょくどう</small>	<small>いざかや</small>	<small>やっきょく</small>	

이동할 때

숙박할 때

식사할 때

쇼핑할 때

관광할 때

긴급할 때

⁺📷 사진으로 보는 여행 TIP

한국은 음식물 쓰레기를 따로 분리해서 버리지만, 일본은 음식물 쓰레기를 일반 쓰레기와 함께 버립니다. 그리고 일본에서는 타는 쓰레기(燃えるゴミ, 모에루고미)와 타지 않는 쓰레기(燃えない ゴミ, 모에나이고미), 플라스틱, PET병/유리병/캔 등의 재활용 쓰레기로 구분하며, 지역마다 각각 쓰레기 버리는 날과 방법이 다르기 때문에 숙박하는 지역의 쓰레기 배출 날짜를 확인하는 것이 좋습니다.

넷카페에서

Track02-08

① 체크인하기

방 있나요?

헤야와 아리마스까

部屋は ありますか。

- 📷 넷카페는 시간 단위로도 이용이 가능하며, 객실 타입에 따라 숙박도 가능합니다.

객실 타입을 골라 주세요.

캬꾸시쯔타이뿌오 오에라비쿠다사이

客室タイプを お選びください。

요금표는 이쪽입니다.

료-낑효-와 코찌라니 나리마스

料金表は こちらに なります。

이걸로 할게요.

코레니 시마스

これに します。

회원등록이 필요합니다.

카이잉토-로꾸가 히쯔요-데스

会員登録が 必要です。

입회금은 300엔입니다.

뉴-까이낑와 삼뱌꾸엔니 나리마스

入会金は 300円に なります。

자리 이동을 할 수 있나요?

세끼노 헹꼬-가 데끼마스까

席の 変更が できますか。

72

네, 가능합니다.
하이, 데끼마스
はい、できます。

❷ 이용 안내받기

컴퓨터[QR코드]로 식사를 주문할 수 있습니다.
콤뷰-따-[큐아루코-도]데 오쇼꾸지노 고츄-몽가 데끼마스
コンピューター[QRコード]で お食事の ご注文が できます。

음료는 무료입니다.
오노미모노와 무료-니 나리마스
お飲み物は 無料に なります。

귀중품은 스스로 관리 부탁드립니다.
키쬬-힝와 고지신데노 칸리오 오네가이이따시마스
貴重品は ご自身での 管理を お願いいたします。

이 방은 여성전용입니다.
코노 헤야와 죠세-셍요-니 나리마스
この 部屋は 女性専用に なります。

📷 사진으로 보는 여행 TIP

넷카페는 비행기 시간이나 호텔 체크인 시간이 애매하게 남았을 때 잠시 쉬거나 잠만 잘 공간이 필요한 경우 추천할 수 있는 곳입니다. 최근에는 넷카페 난민이라는 신조어가 생겼을 만큼 가성비 숙소로 인기입니다. 특히 숙박, 컴퓨터, 만화책, 노래방, 오락 시설 등 다양한 시설을 이용할 수 있습니다. 테이블석, 개인석, 개인룸 등 여러 공간과 사이즈별로 나뉘어 있으며, 첫 이용객은 어플을 다운로드 받은 후 할인쿠폰 혜택도 받을 수 있습니다.

일본에서 유명한 넷카페 체인점으로는 '快活CLUB(카이까쯔쿠라부)', '自遊空間(지유-쿠-깡)', 'コミック・バスター(코믹꾸·바스따-)', '亜熱帯(아넷따이)', 'マンボー(망보-)' 등이 있습니다.

식사할 때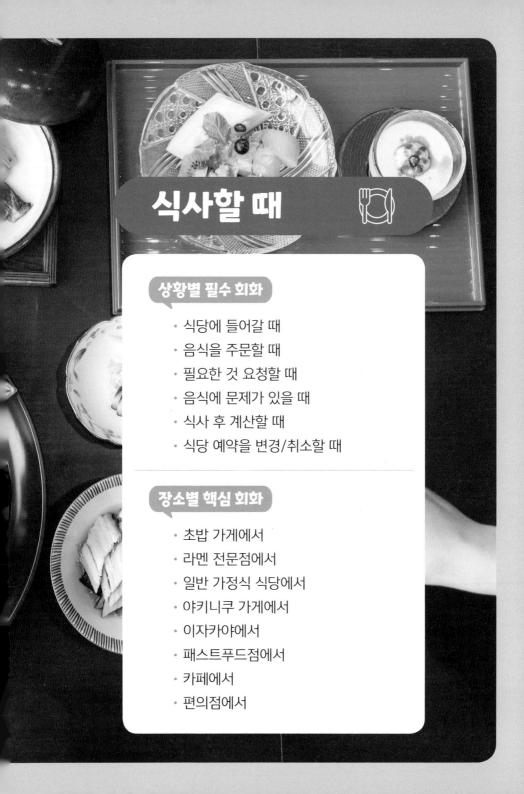

식당에 들어갈 때

Track03-01

❶ 인원 말하기

> **몇 분이세요?**
> 남메-사마데스까
> なんめいさま
> 何名様ですか。

한 명이요.
히또리데스
ひとり
一人です。

두 명	세 명	네 명	다섯 명	여섯 명
후따리	산닝	요닝	고닝	로꾸닝
ふたり	さんにん	よにん	ごにん	ろくにん
二人	三人	四人	五人	六人

❷ 원하는 자리 요청하기

> **흡연석과 금연석 중, 어느 쪽이 좋으세요?**
> 키쯔엔세끼또 킹엔세끼, 도찌라가 요로시이데쇼-까
> きつえんせき きんえんせき
> 喫煙席と 禁煙席、どちらが よろしいでしょうか。

금연석[흡연석]으로 부탁합니다.
킹엔세끼[키쯔엔세끼]데 오네가이시마스
きんえんせき きつえんせき ねが
禁煙席[喫煙席]で お願いします。

핵심표현5 ~부탁합니다
= ~오네가이시마스

창가 자리로 해주시겠어요?
마도가와노 세끼니 시떼 모라에마스까
まどがわ せき
窓側の 席に して もらえますか。

핵심표현8 ~해 주시겠어요?
= ~떼 모라에마스까

안쪽 자리	카운터 자리	좌식 자리	테이블석
오꾸노 세끼	카운따- 세끼	자시끼	테-부루세끼
おく せき		ざしき	せき
奥の 席	カウンター 席	座敷	テーブル席

❸ 자리 있는지 묻기

자리 있나요?
세끼와 아리마스까
<ruby>席<rt>せき</rt></ruby>は ありますか。

네, 있습니다.
하이, 고자이마스
はい、ございます。

지금, 만석입니다.
타다이마, 만세끼데스
ただ<ruby>今<rt>いま</rt></ruby>、<ruby>満席<rt>まんせき</rt></ruby>です。

얼마나 기다려야 하나요?
도노구라이 마찌마스까
どのぐらい <ruby>待<rt>ま</rt></ruby>ちますか。

30분 정도입니다.
산줍뿡구라이데스
<ruby>３０分<rt>さんじゅっぷん</rt></ruby>ぐらいです。

📷 사진으로 보는 여행 TIP

한국에서는 식당에 들어가서 원하는 자리에 자유롭게 앉으면
되지만, 일본에서는 점원이 자리를 안내해 줄 때까지 기다려
야 합니다. 그러나 패스트푸드점이나 규동 체인점 등 식권을
뽑는 가게에서는 식권을 뽑은 뒤 앉고 싶은 자리에 앉아도 괜
찮습니다. 또한, 점원이 입구에서 "오스끼나 세끼니 도-조(お好
きな席にどうぞ, 원하는 자리에 앉으세요)"라고 말해도 원
하는 자리에 자유롭게 앉으면 됩니다. 최근에는 입구에서 번
호표를 뽑아 해당하는 자리에 앉는 가게도 있습니다.

음식을 주문할 때

Track03-02

1 음식 주문하기

이거 한 개와 이거 두 개 주세요.
코레 히또쯔또 코레 후따쯔 쿠다사이
これ 一つと これ 二つ ください。

핵심표현2) ~주세요
= ~쿠다사이

세 개	네 개	다섯 개	여섯 개
밋쯔	욤쯔	이쯔쯔	뭇쯔
三つ	四つ	五つ	六つ

저것과 같은 걸로 주세요.
아레또 오나지모노오 쿠다사이
あれと 同じものを ください。

음료는 언제·가져다 드릴까요?
오노미모노와 이쯔 오모찌이따시마쇼-까
お飲み物は いつ お持ちいたしましょうか。

먼저 부탁합니다.
사끼니 오네가이시마스
先に お願いします。

핵심표현5) ~부탁합니다
= ~오네가이시마스

같이	식후에
잇쇼니	쇼꾸고니
一緒に	食後に

네, 알겠습니다.
하이, 카시꼬마리마시따
はい、かしこまりました。

② 메뉴 추천받기

추천 메뉴는 뭐예요?
오스스메와 난데스까
おすすめは 何ですか。

가장 인기 있는 메뉴는 뭐예요?
이찌방 닝끼노 메뉴-와 난데스까
一番 人気の メニューは 何ですか。

우동 세트입니다.
우동 셋또데스
うどん セットです。

오늘의 메뉴는 어떠세요?
히가와리메뉴-와 이까가데쇼-까
日替わりメニューは いかがでしょうか。

그것[이것]으로 할게요.
소레[코레]니 시마스
それ[これ]に します。

이동할 때
숙박할 때
식사할 때
쇼핑할 때
관광할 때
긴급할 때

📷 사진으로 보는 여행 TIP

음식을 주문할 때 무엇을 먹을지 고민된다면 메뉴판에 おすすめ(오스스메, 추천)・イチオシ(이찌오시, 강추)・ベスト(베스또, 베스트)・人気(닝끼, 인기) 라고 쓰여진 메뉴를 주문하면 됩니다. 그리고 매일 그날의 식단이 바뀌는 日替わりメニュー(히가와리메뉴-, 오늘의 메뉴)와 어린이 런치 메뉴인 お子様ランチ(오코사마란찌, 어린이 런치)도 주문하기 좋습니다.

❸ 메뉴 고민하기

주문은 결정하셨어요?
고츄-몽와 오키마리데쇼-까
ご注文は お決まりでしょうか。

좀 생각해 볼게요.
춋또 강가에떼 미마스
ちょっと 考えて みます。

❹ 주문 관련 사항 문의하기

한국어 메뉴판 있나요?
캉꼬꾸고노 메뉴-와 아리마스까
韓国語の メニューは ありますか。

┗━➤ 비건 메뉴　　　　어린이 메뉴
비-강메뉴　　　　코도모요-노 메뉴
ヴィーガンメニュー　子供用の メニュー

어린이용 의자　　어린이용 포크
코도모요-노 이스　코도모요-노 호-꾸
子供用の いす　　子供用の フォーク

주문을 바꿔도 되나요?
츄-몽오 카에떼모 이이데스까
注文を 変えても いいですか。

1인분만 주문할 수 있나요?
이찌닝마에다께 츄-몽데끼마스까
１人前だけ 注文できますか。

핵심표현1) ~할 수 있나요?
= ~데끼마스까

● 한국에서는 아직까지 2인분 이상 주문해야 하는 곳이 많은데, 일본은 대부분 1인분부터 주문이 가능합니다.

이동할 때

숙박할 때

식사할 때

쇼핑할 때

관광할 때

긴급할 때

네, 가능합니다.

하이, 데끼마스

はい、できます。

라스트 오더는 몇 시예요?

라스또오-다-와 난지데스까

ラストオーダーは 何時ですか。

8시입니다.

하찌지데스

8 時です。

2시	9시	10시	11시	30분
니지	쿠지	쥬-지	쥬-이찌지	산쥽뿡
2 時	9 時	10 時	11 時	30 分

● 식당에 따라 브레이크 타임과 라스트 오더 타임이 정해져 있는 곳이 있기 때문에, 방문 전에 미리 체크하고 가는 것이 좋습니다.

사진으로 보는 여행 TIP

일본은 혼자서 밥을 먹는 혼밥 문화가 많이 발달해 있어 혼자 일본 여행을 가는 여행객도 식당에서 부담 없이 밥을 먹을 수 있습니다. 대표적으로 일본의 규동 체인점 같은 경우, 남의 눈치 보지 않고 혼자서 먹는 것이 아주 자연스럽고, 1인분도 주문 가능한 1인 샤브샤브나 1인 야키니쿠 가게도 많이 있습니다. 요즘에는 패밀리 레스토랑에서도 혼자만의 식사 시간을 여유롭게 즐길 수 있는 1인석이 마련되어 있어 편하게 먹을 수 있습니다.

🍽 필요한 것 요청할 때

Track03-03

❶ 물품 요청하기

물수건 주세요.
오시보리 쿠다사이

おしぼり ください。

젓가락	포크	스푼	나이프
오하시	호ー꾸	스푸ー응	나이후
お箸	フォーク	スプーン	ナイフ

앞접시	물	티슈	차
토리자라	오미즈·오히야	팃슈	오챠
取り皿	お水·お冷	ティッシュ	お茶

핵심표현 2 ~주세요
= ~쿠다사이

알겠습니다.
카시꼬마리마시따
かしこまりました。

❷ 리필 요청하기

이거 한 잔(한 그릇) 더 부탁합니다.
코레 오카와리 오네가이시마스

これ おかわり お願いします。

핵심표현 5 ~부탁합니다
= ~오네가이시마스

▶ 일본에서는 반찬을 리필할 때 한국과 달리 요금을 지불해야 합니다.

잠시만 기다려 주세요.
쇼ー쇼ー 오마찌쿠다사이
少々 お待ちください。

바로 가져다 드리겠습니다.
스구니 오모찌이따시마스
すぐに お持ちいたします。

③ 서비스 요청하기

> **포크를 떨어뜨렸어요.**
> 호-꾸오 오또시떼 시마이마시따
> フォークを 落として しまいました。
>
> ↳　　**나이프**　　　**스푼**　　　**젓가락**
> 　　나이후　　　스푸-응　　　오하시
> 　　ナイフ　　　スプーン　　　お箸

> **여기를 닦아 주시겠어요?**　　　　　　 핵심표현8 ~해 주시겠어요?
> 코꼬오 후이떼 모라에마스까　　　　　　　　 = ~떼 모라에마스까
> ここを 拭いて もらえますか。

> **이것을 치워 주세요.**　　　　　　　　 핵심표현7 ~해 주세요
> 코레오 사게떼 쿠다사이　　　　　　　　　　 = ~떼 쿠다사이
> これを 下げて ください。

> **아직 다 안 먹었어요.**
> 마다 타베오왔떼 이마셍
> まだ 食べ終わって いません。

📷 사진으로 보는 여행 TIP

일본의 식사 예절은 아래와 같습니다.
① 음식을 젓가락으로 찍어 먹지 않는다.
② 젓가락을 둘 때 세로가 아닌 가로로 둔다.
③ 식탁에 젓가락이 닿지 않게 한다.
④ 식사할 때는 밥과 국을 손으로 들고 먹는다.
⑤ 식사할 때 숟가락을 사용하지 않는다.
⑥ 자기 젓가락으로 음식을 집어 상대방에게 건네지 않는다.
⑦ 한 음식에 자신의 젓가락과 상대방의 젓가락을 함께 대지 않는다.
⑧ 앉아서 식사할 때 한쪽 무릎을 세우고 먹으면 안 된다.

이동할 때 | 숙박할 때 | **식사할 때** | 쇼핑할 때 | 관광할 때 | 긴급할 때

🍽 음식에 문제가 있을 때

Track03-04

❶ 못 먹는 음식 말하기

이 요리에는 계란이 들어 있나요?
코노 료－리니와 타마고가 하잇떼 이마스까
この 料理には 卵が 入って いますか。

소고기
규－니꾸
牛肉

돼지고기
부따니꾸
豚肉

닭고기
토리니꾸
鶏肉

새우
에비
エビ

게
카니
カニ

오징어
이까
イカ

조개
카이
貝

유제품
뉴－세－힝
乳製品

땅콩
피－낫쯔
ピーナッツ

호두
쿠루미
クルミ

잣
마쯔노미
松の実

대두
다이즈
大豆

복숭아
모모
桃

밀가루
코무기꼬
小麦粉

메밀
소바
そば

파는 빼 주세요.
네기와 누이떼 쿠다사이
ねぎは 抜いて ください。

핵심표현7 ~해 주세요
= ~떼 쿠다사이

양파
타마네기
たまねぎ

당근
닌징
にんじん

오이
큐－리
きゅうり

고수
파꾸찌－
パクチー

버섯
키노꼬
きのこ

피클
피꾸루스
ピクルス

❷ 음식이 주문과 다른 경우 대처하기

> **저, 주문한 메뉴와 다른데요.**
> 아노, 츄-몽시따 메뉴-또 치가운데스가
> あの、注文した メニューと 違うんですが。

> **이거, 주문 안 했는데요.**
> 코레, 츄-몽시떼 나인데스가
> これ、注文して ないんですが。

> **주문한 메뉴가 아직 안 나왔는데요.**
> 츄-몽시따 메뉴-가 마다 키떼 이마셍
> 注文した メニューが まだ 来て いません。

❸ 음식이 이상한 경우 대처하기

> **맛이 좀 이상한데요.**
> 아지가 춋또 헨난데스가
> 味が ちょっと 変なんですが。

> **덜 익은 것 같아요.**
> 식까리 히가 토옷떼 나이 미따이데스
> しっかり 火が 通って ない みたいです。

> **머리카락이 들어있어요.**
> 카미노케가 하잇떼 이마스
> 髪の毛が 入って います。

> **벌레가 들어있어요.**
> 무시가 하잇떼 이마스
> 虫が 入って います。

🍽️ 식사 후 계산할 때

Track03-05

① 계산 방식 정하기

> **계산 부탁합니다.**
> 오카이께- 오네가이시마스
> お会計 お願いします。

(핵심표현5) ~부탁합니다
= ~오네가이시마스

> **계산은 어떻게 하시겠습니까?**
> 오카이께-와 도- 나사이마스까
> お会計は どう なさいますか。

> **같이[따로따로] 부탁합니다.**
> 잇쇼데[베쯔베쯔데] 오네가이시마스
> 一緒で[別々で] お願いします。

> ● 일본은 기본적으로 와리깡(割り勘)문화인데 요즘은 태블릿으로 계산할 때도 자동으로 나눠서 결제할 수 있습니다.

② 결제하기

> **지불은 어떻게 하시겠습니까?**
> 오시하라이와 도- 나사이마스까
> お支払いは どう なさいますか。

> **카드[현금]으로 부탁합니다.**
> 카-도[겡낑]데 오네가이시마스
> カード[現金]で お願いします。

(1) 카드 결제

신용카드 돼요?
쿠레짓또카ー도 츠까에마스까
クレジットカード 使_{つか}えますか。

→ 카카오페이 　　네이버페이 　　라인페이 　　IC카드
　카카오페이 　　네이바ー페이 　　라인페이 　　아이씨카ー도

　カカオペイ 　　ネイバーペイ 　　ラインペイ 　　ICカード

네, 가능합니다. / 아니요, 현금과 페이페이만 가능합니다.
하이, 츠까에마스 / 이이에, 겡낑또 페이페이노미 츠까에마스
はい、使_{つか}えます。/ いいえ、現金_{げんきん}と ペイペイのみ 使_{つか}えます。

▣ 페이페이(페이페이)는 일본에서 간편결제와 송금을 할 수 있는 어플리케이션으로,
결제할 때는 PayPay 로고가 있는 곳에서 결제하면 됩니다.

(2) 현금 결제

3,000엔 받았습니다.
산젱엔 오아즈까리이따시마스
3,000円 お預_{あず}かりいたします。

200엔의 거스름돈입니다.
니햐꾸엔노 오카에시데스
200円_{にひゃくえん}の お返_{かえ}しです。

영수증 부탁합니다. / 영수증은 괜찮아요.
레시ー또 오네가이시마스 / 레시ー또와 이리마셍
レシート お願_{ねが}いします。/ レシートは 要_いりません。

❸ 계산이 잘못된 경우 대처하기

(계산이) 잘못된 것 같은데요.
마찌갓떼이루 미따이난데스가
間違_{まちが}っている みたいなんですが。

이동할 때

숙박할 때

식사할 때

쇼핑할 때

관광할 때

긴급할 때

🍽 식당 예약을 변경/취소할 때

Track03-06

❶ 예약 변경 및 취소하기

> **예약 시간에 늦을 것 같아요.**
> 요야꾸노 지깡니 오꾸레소-데스
> 予約の 時間に 遅れそうです。

> **예약을 변경[취소]하고 싶은데요.**
> 요야꾸오 헹꼬-[캰세루] 시따인데스가
> 予約を 変更[キャンセル] したいんですが。
>
> 핵심표현6 ~(하고) 싶은데요
> = ~따인데스가

> **성함이 어떻게 되십니까?**
> 오나마에 요로시이데쇼-까
> お名前 よろしいでしょうか。

> **김세민이요.**
> 키무·세민데스
> キム·セミンです。
>
> ➡ 본인의 이름을 넣어 말해 보세요.

> **언제로 예약해 드릴까요?**
> 이쯔노 고요야꾸데쇼-까
> いつの ご予約でしょうか。

> **몇 시에 예약할 수 있나요?**
> 난지니 요야꾸데끼마스까
> 何時に 予約できますか。
>
> 핵심표현1 ~할 수 있나요?
> = ~데끼마스까

> **7시라면 가능합니다.**
> 시찌지나라 다이죠-부데스
> 7時なら 大丈夫です。

내일 오후 7시로 부탁합니다.

아시따노 고고 시찌지니 오네가이시마스

明日の 午後 7時に お願いします。
あした　ごご　しちじ　　ねが

→

1시	2시	3시	4시	5시	6시
이찌지	니지	산지	요지	고지	로꾸지
いちじ	にじ	さんじ	よじ	ごじ	ろくじ
1時	2時	3時	4時	5時	6時

7시	8시	9시	10시	11시	12시
시찌지	하찌지	쿠지	쥬-지	쥬-이찌지	쥬-니지
しちじ	はちじ	くじ	じゅうじ	じゅういちじ	じゅうにじ
7時	8時	9時	10時	11時	12時

10분	20분	30분	40분	50분
줍뿡	니줍뿡	산줍뿡	욘줍뿡	고줍뿡
じゅっぷん	にじゅっぷん	さんじゅっぷん	よんじゅっぷん	ごじゅっぷん
10分	20分	30分	40分	50分

이동할 때

숙박할 때

식사할 때

쇼핑할 때

관광할 때

긴급할 때

✷📷 사진으로 보는 여행 TIP

인기 있는 식당의 경우, 관광객뿐만 아니라 현지인들도 몰리기 때문에 웨이팅이 있는 경우가 많습니다. 이럴 때 '구글맵', '타베로그', '테이블체크' 등의 어플로 예약이 가능한 식당을 찾아 미리 예약하면 줄을 서지 않고 맛있는 음식을 먹을 수 있습니다. 또한, 라멘은 꼭 유명한 체인점이 아니더라도 길가의 작은 가게도 맛있는 경우가 많습니다.

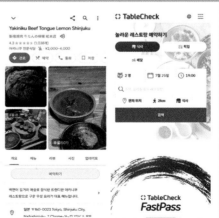

🍽 초밥 가게에서

Track03-07

❶ 초밥 주문하기

> **연어 한 개 주세요.**
> 사ー몽 히또쯔 쿠다사이
> サーモン 一つ ください。
>
> | 두 개 | 세 개 | 네 개 | 다섯 개 | 여섯 개 |
> |---|---|---|---|---|
> | 후따쯔 | 밋쯔 | 욧쯔 | 이쯔쯔 | 뭇쯔 |
> | 二つ | 三つ | 四つ | 五つ | 六つ |
>
> ▣ '한 접시'는 일본어로 '히또사라(一皿)'라고 합니다.

> **오마카세로 부탁합니다.**
> 오마까세데 오네가이시마스
> おまかせで お願いします。
>
> ▣ 오마카세(おまかせ)란 일본어로 '맡기다' 또는 '신뢰하다'라는 의미로, 손님이 메뉴 선택을 셰프에게 맡기는 것을 뜻합니다.

> **(초밥용)밥은 적게 부탁합니다.**
> 샤리와 스꾸나메데 오네가이시마스
> シャリは 少なめで お願いします。

📷 사진으로 보는 여행 TIP

태블릿으로 초밥을 주문할 때 한국어로 언어를 변경해서 주문해도 되지만, 주문 시 필요한 일본어 단어 몇 가지는 알아두는 것이 좋습니다.

① 注文する(츄ー몽스루) 주문하다
② 他の商品も選ぶ(호까노 쇼ー힝모 에라부) 다른 상품도 고르다
③ お会計(오카이께ー) 계산
④ 店員呼出(텡잉 요비다시) 점원 호출
⑤ お持ち帰り(오모찌카에리) 포장

스시 주문하기▶

⑥ ご注文を承りました(고츄ー몽오 우께따마와리마시따) 주문 받았습니다

90

도미
타이
タイ

가리비
호따떼
ホタテ

광어
히라메
ヒラメ

새우
에비
エビ

문어
타꼬
タコ

전복
아와비
アワビ

연어
사-몽
サーモン

연어알
이꾸라
イクラ

게
가니
カニ

고등어
사바
サバ

방어
부리
ブリ

성게알
우니
ウニ

오징어
이까
イカ

계란
타마고
卵

장어
우나기
ウナギ

참치
마구로
マグロ

참치 중뱃살
슈-토로
中トロ

참치 대뱃살
오오토로
大トロ

지느러미살
엥가와
エンガワ

구운 연어
아부리사-몽
炙りサーモン

유부초밥
이나리즈시
いなり寿司

네기토로
네기토로
ネギトロ

군함 초밥
군깡
軍艦

말이
마끼모노
巻物

이동할 때
숙박할 때
식사할 때
쇼핑할 때
관광할 때
긴급할 때

② 사이드 주문하기

우동 한 개 부탁합니다.

우동 히토쯔 오네가이시마스

うどん 一つ お願いします。

계란찜	된장국	튀김	감자튀김
차왕무시	미소시루	템뿌라	포떼또후라이
茶碗蒸し	味噌汁	天ぷら	ポテトフライ

가라아게	풋콩	샐러드	맥주
카라아게	에다마메	사라다	비-루
唐揚げ	枝豆	サラダ	ビール

고추냉이는 빼 주세요.

와사비와 누이떼 쿠다사이

わさびは 抜いて ください。

계란	낫토	자소	파	양파
타마고	낫또-	시소	네기	타마네기
卵	納豆	シソ	ねぎ	たまねぎ

③ 추가 요청하기

생강 주세요.

가리 쿠다사이

ガリ ください。

고추냉이	간장	젓가락	소금
와사비	쇼-유	오하시	시오
わさび	しょうゆ	お箸	塩

● 간장 그릇을 요청할 때는 しょうゆ皿ください(쇼-유자라쿠다사이)라고 말하면 됩니다.

④ 포장 주문하기

포장으로 부탁합니다.
오모찌카에리(테이꾸아우또)데 오네가이시마스
お持ち帰り (テイクアウト) で お願いします。

어느 세트로 하시겠습니까?
도찌라노 셋또니 나사이마스까
どちらの セットに なさいますか。

가성비 세트 1인분 부탁합니다.
오토꾸셋또 이찌닝마에 오네가이시마스
お得セット　1人前 お願いします。

- ● お得(오토꾸)는 '이득', '혜택'이라는 뜻입니다.

추천 세트 2인분 부탁합니다.
이찌오시셋또 니닝마에 오네가이시마스
イチオシセット　2人前 お願いします。

- ● イチオシ(이찌오시)는 '가장 추천하는 것'이라는 뜻입니다.

이동할 때
숙박할 때
식사할 때
쇼핑할 때
관광할 때
긴급할 때

📷 사진으로 보는 여행 TIP

초밥 가게에서 포장할 경우 공식 어플 또는 가게 앞에서 QR코드로 포장 날짜와 지불 방법을 지정하여 주문할 수도 있습니다. 최근에는 가게에 따라서 미리 예약을 하면 기다리지 않고 받거나 바로 식사할 수 있는 곳도 점점 늘어나고 있습니다.

라멘 전문점에서

❶ 라멘 주문하기

저기요, 라멘 한 개 주세요.
스미마셍, 라-멩 히또쯔 쿠다사이
すみません、ラーメン 一つ ください。

 미소(된장)라멘
미소라-멩
味噌ラーメン

 쇼유(간장)라멘
쇼-유라-멩
醤油ラーメン

 시오(소금)라멘
시오라-멩
塩ラーメン

 돈코츠(돼지뼈육수)라멘
통꼬쯔라-멩
豚骨ラーメン

 네기(파)라멘
네기라-멩
ネギラーメン

 챠슈멘
챠-슈-멩
チャーシュー麺

 츠케멘
츠께멩
つけ麺

 탄탄면
탄탄멩
担々麺

 마제소바
마제소바
まぜそば

 볶음밥
챠-항
チャーハン

 가라아게
카라아게
唐揚げ

 교자
교-자
餃子

곱배기[양 적게]로 할 수 있나요?
오-모리[스꾸나메]니 데끼마스까
大盛り[少なめ]に できますか。

> **면 리필 부탁합니다.**
> 카에다마 오네가이시마스
> 替え玉 お願いします。
> _{か だま ねが}

❷ 재료 선택하기

> **계란은 빼 주세요.**
> 타마고와 누이떼 쿠다사이
> 卵は 抜いて ください。
> _{たまご ぬ}

> **숙주를 토핑해 주세요.**
> 모야시오 톱삥구시떼 쿠다사이
> もやしを トッピングして ください。

> **차슈를 추가해 주세요.**
> 챠―슈―오 츠이까시떼 쿠다사이
> チャーシューを 追加して ください。
> _{つい か}

파	죽순	목이버섯	생강 초절임
네기	멤마	키꾸라게	베니쇼―가
ねぎ	メンマ	きくらげ	紅しょうが

김	미역	콘(옥수수)	버터
노리	와까메	코―응	바타―
海苔	わかめ	コーン	バター

📷 사진으로 보는 여행 TIP

일본의 라멘 전문점에서는 무료로 면을 추가할 수 있는 경우가 많은데, 국수를 소량으로 제공하고 손님이 국수를 더 달라고 할 수 있도록 하는 풍습 때문입니다. 이것을 '替え玉(카에다마)'라고 하고, 이 말은, '교환', '대체'를 뜻합니다. 카에다마를 요청하면 가게에 따라 손님의 용기를 받아 면을 담아 주기도 하고, 새로운 용기에 면만 제공하기도 합니다.

카에다마 주문하기▶

❸ 옵션 선택하기

> **(면의) 익힌 정도는 어떻게 하시겠습니까?**
> 카따사와 도- 시마스까
> 硬さは どう しますか。

> **딱딱한 면으로 부탁합니다.**
> 카따메데 오네가이시마스
> 硬めで お願いします。

> | **보통 면으로** | **부드러운 면으로** | **꼬들꼬들한 면으로** |
> |---|---|---|
> | 후쯔-데 | 야와라까메데 | 바리까따데 |
> | 普通で | 柔らかめで | バリかたで |

> **마늘은 넣을까요?**
> 닌니꾸와 이레떼 이이데스까
> にんにくは 入れて いいですか。

> **매운 소스 넣을까요?**
> 카라미소 이레마스까
> 辛みそ 入れますか。

> **네, 부탁합니다. / 아니요, 넣지 마세요.**
> 하이, 오네가이시마스 / 이이에, 이레나이데 쿠다사이
> はい、お願いします。/ いいえ、入れないで ください。

📷 사진으로 보는 여행 TIP

라멘 전문점에서는 기호에 맞게 면의 익힌 정도를 고를 수 있는데, 면을 삶는 시간에 따라 粉落とし(코나오또시), はりがね(하리가네), バリカタ(바리까따), かため(카따메), ふつう(후쯔-), やわらかめ(야와라까메) 순으로 나뉩니다. 粉落とし(코나오또시)가 가장 짧게 삶아 딱딱하고, やわらかめ(야와라까메)가 가장 길게 삶아 부드럽습니다.

▲라멘
주문하기

オーダー用紙

주문 용지

お好みに○をつけてください

味の濃さ 맛의 진하기	うす味 싱거운 맛		基本 기본		こい味 진한 맛
こってり度 기름진 정도	なし 넣지 않음	あっさり 담백	基本 기본	こってり 진함	超こってり 매우 진함
にんにく 마늘	なし 넣지 않음	少々 조금 넣음	基本 기본	1/2片分 1/2 쪽	1片分 1쪽

1片分までは無料。(1쪽까지는 무료)

ねぎ 파	なし 넣지 않음	白ねぎ 대파		青ねぎ 실파	
チャーシュー 차슈	なし 넣지 않음			あり 넣음	

お子様には「なし」がおすすめ。(어린이 손님께는 '넣지 않음'을 추천)

赤い 秘伝のたれ 매운 소스	0 なし 넣지 않음	1/2 1/2倍 1/2배	1 基本 기본	2 2倍 2배	3-10 (　)倍 3～10배

辛さ10倍までは無料。(매운 정도 10배까지는 무료)

麺のかたさ 면의 익힘 정도	超かた 매우 딱딱함	かため 딱딱함	基本 기본	やわめ 부드러움	超やわ 매우 부드러움

⋯⋯ = **おすすめ** 추천

이동할 때 | 숙박할 때 | 식사할 때 | 쇼핑할 때 | 관광할 때 | 긴급할 때

🍽 일반 가정식 식당에서

Track03-09

① 메뉴 주문하기

가라아게 정식 한 개 주세요.
카라아게 테-쇼꾸 히또쯔 쿠다사이
からあ ていしょく ひと
唐揚げ 定食 一つ ください。

소고기 덮밥	돈까스	냉모밀
규-동	통까쯔	자루소바
ぎゅうどん		
牛丼	トンカツ	ざるそば

주문은 식권발매기로 부탁드립니다.
고츄-몽와 켐바이끼데 오네가이시마스
ちゅうもん けんばいき ねが
ご注文は 券売機で お願いします。

- 📌 식당 입구에 있는 식권발매기에서 메뉴를 주문, 결제 후 식권을 직원에게 건네 주면 됩니다.

② 리필 문의하기

된장국은 리필 할 수 있나요?
미소시루와 오카와리 데끼마스까
み そしる
味噌汁は おかわり できますか。

샐러드	밥	절임
사라다	고항	츠께모노
	はん	つけもの
サラダ	ご飯	漬物

네, 무료로 리필 가능합니다.
하이, 오카와리 지유-데스
じ ゆう
はい、おかわり 自由です。

아니요, 리필은 유료입니다.
이이에, 오카와리와 유-료-데스
ゆうりょう
いいえ、おかわりは 有料です。

98

단품 탐삥 <small>たんぴん</small> 単品	세트 셋또 <small>セット</small>	정식 테-쇼꾸 <small>ていしょく</small> 定食

소고기 덮밥
규-동
<small>ぎゅうどん</small>
牛丼

튀김 덮밥
텐동
<small>てんどん</small>
天丼

닭고기 계란 덮밥
오야꼬동
<small>おや こ どん</small>
親子丼

장어 덮밥
우나쥬-
<small>じゅう</small>
うな重

카레라이스
카레-라이스
カレーライス

돈까스
통까프
トンカツ

로스카츠
로-스까프
ロースカツ

히레카츠
히레까프
ヒレカツ

생선까스
사까나후라이
<small>さかな</small>
魚フライ

치킨까스
치킨까프
チキンカツ

튀김 우동
템뿌라우동
<small>てん</small>
天ぷらうどん

유부 우동
키쯔네우동
きつねうどん

고기 우동
니꾸우동
<small>にく</small>
肉うどん

냉모밀
자루소바
ざるそば

온모밀
카께소바
かけそば

고기 감자 조림
니꾸쟈가
<small>にく</small>
肉じゃが

고기 생강 구이
쇼-가야끼
<small>しょう が や</small>
生姜焼き

고등어 소금 구이
시오사바
<small>しお</small>
塩サバ

스키야키
스끼야끼
<small>や</small>
すき焼き

곱창전골
모쯔나베
<small>なべ</small>
もつ鍋

함박 스테이크
함바-그
ハンバーグ

새우 튀김
에비후라이
エビフライ

생선 조림
사까나노니쯔께
<small>さかな に つ</small>
魚の煮付け

이동할 때
숙박할 때
식사할 때
쇼핑할 때
관광할 때
긴급할 때

야키니쿠 가게에서

Track03-10

① 고기 주문하기

갈비 2인분 주세요.
카루비 니닝마에 쿠다사이
カルビ ２人前（に にんまえ） ください。

1인분	2인분	3인분	4인분	5인분
이찌닝마에	니닝마에	산닝마에	요닝마에	고닝마에
１人前（いちにんまえ）	２人前（に にんまえ）	３人前（さんにんまえ）	４人前（よ にんまえ）	５人前（ご にんまえ）

② 리필 및 서비스 요청하기

구이용 야채를 추가해 주세요.
야끼야사이오 츠이까시떼 쿠다사이
焼き野菜（や やさい）を 追加（ついか）して ください。

양파	김치	상추	해산물
타마네기	키무치	상츄	카이셍
たまねぎ	キムチ	サンチュ	海鮮（かいせん）

소금 주세요.
시오오 쿠다사이
塩（しお）を ください。

양념	앞치마	가위
타레	에푸롱	하사미
タレ	エプロン	はさみ

철판을 갈아주세요.
아미오 카에떼 쿠다사이
網（あみ）を 変（か）えて ください。

불을 치워주세요.
스미비오 누이떼 쿠다사이
炭火を 抜いて ください。

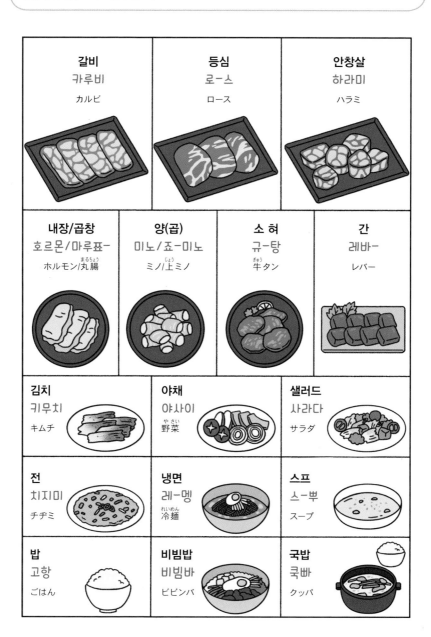

갈비	등심	안창살
카루비	로-스	하라미
カルビ	ロース	ハラミ

내장/곱창	양(곱)	소 혀	간
호르몬/마루쬬-	미노/죠-미노	규-탕	레바-
ホルモン/丸腸	ミノ/上ミノ	牛タン	レバー

김치	야채	샐러드
키무치	야사이	사라다
キムチ	野菜	サラダ

전	냉면	스프
치지미	레-멩	스-뿌
チヂミ	冷麺	スープ

밥	비빔밥	국밥
고항	비빔바	쿡빠
ごはん	ビビンバ	クッパ

이자카야에서

Track03-11

❶ 메뉴 주문하기

닭꼬치 한 개 주세요.
야끼토리 입뽕 쿠다사이
焼き鳥 一本 ください。

닭완자	**넙적다리**	**닭똥집**
츠꾸네	모모	스나기모
つくね	もも	すなぎも 砂肝

닭목살	**닭날개**	**닭껍질**
세세리	테바사끼	토리까와
せせり	てばさき 手羽先	とりかわ 鶏皮

 盛り合わせ(모리아와세)는 '모둠 세트'라는 뜻으로, 여러 메뉴를 다양하게 먹고 싶을 때 주문하면 됩니다.

양념과 소금, 어느 쪽으로 하시겠어요?
타레또 시오, 도찌라니 나사이마스까
タレと 塩、どちらに なさいますか。

가라아게 한 개 주세요.
카라아게 히또쯔 쿠다사이
唐揚げ 一つ ください。

고로케	**타코와사비**	**오이무침**
코롯께	타꼬와사비	타따끼큐ー리
コロッケ	たこわさび	たたきキュウリ

오차즈케	**볶음밥**	**전골**
오챠즈께	야끼메시	나베
ちゃづ お茶漬け	やきめし 焼飯	なべ 鍋

❷ 음료 및 술 주문하기

생맥주 하나 주세요.
나마비-루 히또쯔 쿠다사이
生ビール 一つ ください。

가쿠 하이볼	우롱 하이	레몬사와	매화수	정종
카꾸하이보-루	우-롱하이	레몽사와-	우메슈	니혼슈
角ハイボール	ウーロンハイ	レモンサワー	梅酒	日本酒

무알콜	레드 와인	화이트 와인	과실주	소주
논아루꼬-루	아까와잉	시로와잉	카지쯔슈	쇼-쮸-
ノンアルコール	赤ワイン	白ワイン	果実酒	焼酎

음료 무제한으로 할게요.
노미호-다이니 시마스
飲み放題に します。

음료 무제한은 90분에 1,500엔입니다.
노미호-다이와 큐-즙뿐데 셍고햐꾸엔니 나리마스
飲み放題は ９０分で １,５００円に なります。

📷 사진으로 보는 여행 TIP

이자카야나 식당에 '飲み放題(노미호다이)'라는 메뉴가 있는데, 일본어로 '마시다'라는 뜻의 飲む(노무)에 放題(호-다이)가 합쳐진 말로, '무제한으로 마시다'라는 뜻입니다. 飲み放題(노미호다이)를 주문하면 메뉴에 있는 주류나 음료 등을 무제한으로 마실 수 있습니다.
반면, 음식을 무제한으로 먹을 수 있는 것은 '食べ放題(타베호-다이)'라고 합니다.
또한 이자카야에 들어가면 주문하지 않은 간단한 안주가 나오는데 그것을 'お通し(오토-시)'라고 합니다. 일종의 자릿세 개념으로 지불해야 하는 문화입니다.

패스트푸드점에서

Track03-12

❶ 햄버거 주문하기

햄버거 세트 한 개 주세요.
함바-가-셋또 히또쯔 쿠다사이
ハンバーガーセット 一つ ください。

치킨버거	새우버거	데리야키버거
치킨바-가-	에비바-가-	테리야끼바-가-
チキンバーガー	エビバーガー	テリヤキバーガー
치즈버거	**라이스버거**	**피쉬버거**
치-즈바-가-	라이스바-가-	휫슈바-가-
チーズバーガー	ライスバーガー	フィッシュバーガー

❷ 음료 주문하기

음료는 무엇으로 하시겠습니까?
오노미모노와 나니니 나사이마스까
お飲み物は 何に なさいますか。

콜라 주세요.
코-라 쿠다사이
コーラ ください。

사이다	메론소다	바닐라 셰이크
사이다-	메롱소-다	바니라쉐이꾸
サイダー	メロンソーダ	バニラシェイク
오렌지주스	**아이스커피**	**아이스티**
오렌지쥬-스	아이스코-히-	아이스티-
オレンジジュース	アイスコーヒー	アイスティー

⦿ 메론소다(メロンソーダ)는 멜론향과 색을 첨가한 탄산음료로 일본에서 많이 마시는 음료입니다.

104

③ 사이드 주문하기

> **그 밖에 필요하신 거 있으세요?**
> 호까니 나니까 고자이마스까
> 他に 何か ございますか。

포테이토 두 개 주세요.
포떼또 후따쯔 쿠다사이
ポテト 二つ ください。

너겟	치킨	어니언링
나겟또	치킹	오니온링구
ナゲット	チキン	オニオンリング

코울슬로	샐러드	소프트 아이스크림
코-루스로-	사라다	소후또쿠리-무
コールスロー	サラダ	ソフトクリーム

④ 포장 주문하기

> **여기에서 드십니까? 가지고 가십니까?**
> 코찌라데 오메시아가리데스까. 오모찌카에리데스까
> こちらで お召し上がりですか。お持ち帰りですか。

여기에서 먹을게요.
코꼬데 타베마스
ここで 食べます。

포장할게요.
오모찌카에리데(테이꾸아우또데)
お持ち帰りで(テイクアウトで)。

⦿ 일본에서는 가게에서 먹을 경우 10%, 포장할 경우 8%의 소비세가 가산됩니다.

이동할 때

숙박할 때

식사할 때

쇼핑할 때

관광할 때

긴급할 때

카페에서

Track03-13

❶ 커피 주문하기

카페라떼 한 개 라지로 부탁합니다.
카훼라떼- 히또쯔 라-지데 오네가이시마스
カフェラテ 一つ ラージで お願いします。

▲커피
주문하기

숏	레귤러	톨	그란데
쇼-또	레규라-	토-루	구란데
ショート	レギュラー	トール	グランデ

뜨거운 것과 차가운 것 어느 쪽으로 하시겠습니까?
홋또또 아이스 도찌라니 나사이마스까
ホットと アイス どちらに なさいますか。

아이스로[핫으로] 부탁합니다.
아이스데[홋또데] 오네가이시마스
アイスで[ホットで] お願いします。

여기에서 드시나요?
코찌라데 오메시아가리데쇼-까
こちらで お召し上がりでしょうか。

네.
하이
はい。

아니요, 가져갈 거예요.
이이에, 테이꾸아우또데스
いいえ、テイクアウトです。

저쪽에서 픽업해 주세요.
아찌라데 오우께또리쿠다사이
あちらで お受け取りください。

HOT/ICE

드립커피
도립뿌코ー히ー
ドリップコーヒー
380 465 510

아메리카노
아메리캉
アメリカン
470 540 585

에스프레소
에스푸렛소
エスプレッソ
420 455

소이라떼
소이라떼
ソイラテ
580 630 680

바닐라라떼
바니라라떼
バニララテ
520 550 620

카푸치노
카푸치ー노
カプチーノ
490 530 595

카페오레
카훼오레
カフェオレ
500 540 600

카라멜마끼아토
캬라메루마끼아ー또
キャラメルマキアート
540 580 630

메론소다
메롱소ー다
メロンソーダ
480

주스
쥬ー스
ジュース
400

HOT/ICE

카페모카
카훼모카
カフェモカ
540 585 630

화이트모카
호와이또모카
ホワイトモカ
500 585 630

코코아
코코아
ココア
460 530 570

프라푸치노
후라페치ー노
フラペチーノ
520 560 600

말차라떼
맛쨔라떼
抹茶ラテ
595 640 685

그린티
구리ー잉티ー
グリーンティー
480 550 590

우롱차
우ー롱쨔
ウーロン茶
480 540 600

홍차
코ー쨔
紅茶
480 550 590

레모네이드
레모네ー도
レモネード
470

오렌지	포도	망고	사과
오렝지	구레ー푸	망고ー	압뿌루
オレンジ	グレープ	マンゴー	アップル

② 옵션 및 추가 주문하기

휘핑크림을 추가해[빼] 주세요.

호입뿌쿠리-무오 츠이까시떼[누이떼] 쿠다사이

ホイップクリームを 追加して[抜いて] ください。

샷	밀크(프림)	설탕
숏또	미루쿠	샤또-
ショット	ミルク	砂糖

시럽	카라멜 시럽	시나몬 파우더
시롭뿌	갸라메루시롭뿌	시나몽파우다-
シロップ	キャラメルシロップ	シナモンパウダー

> ◉ 커피를 연하게 마시고 싶을 때는 薄めにしてください(우스메니 시떼 쿠다사이)라고
> 말하면 됩니다.

우유는 두유로 부탁합니다.

규-뉴-와 토-뉴-데 오네가이시마스

牛乳は 豆乳で お願いします。

저지방	무지방	오트밀크	아몬드밀크
테-시보-	무시보-	오-쯔미루꾸	아-몬도미루꾸
低脂肪	無脂肪	オーツミルク	アーモンドミルク

치즈케이크도 부탁합니다.

치-즈케-끼모 오네가이시마스

チーズケーキも お願いします。

빙수	아이스크림	와플
카끼고-리	아이스쿠리-무	왓후루
かき氷	アイスクリーム	ワッフル

팬케이크	파르페	크레이프
팡케-끼	파훼	쿠레-푸
パンケーキ	パフェ	クレープ

> ◉ 한국에 식사 후 디저트를 먹을 배는 따로 있다는 뜻의 '디저트 배'라는 말이 있듯이
> 일본에도 같은 의미로 別腹(베쯔바라)라는 말이 있습니다.

③ 서비스 문의하기

> **냅킨은 어디에 있나요?**
> 나뿌낑와 도꼬니 아리마스까
>
> ナプキンは どこに ありますか。
>
> | 빨대 | 시럽 | 물 | 물수건 |
> |---|---|---|---|
> | 스또로- | 시롭뿌 | 오미즈 | 오시보리 |
> | ストロー | シロップ | お水 | おしぼり |
>
> | 포크 | 나이프 | 화장실 | 콘센트 |
> |---|---|---|---|
> | 호-꾸 | 나이후 | 토이레 | 콘센또 |
> | フォーク | ナイフ | トイレ | コンセント |

> **디카페인 커피도 있나요?**
> 데까훼와 아리마스까
>
> デカフェは ありますか。

> **여기에서 충전할 수 있나요?**
> 코꼬데 쥬-뎅 데끼마스까
>
> ここで 充電 できますか。

> **와이파이를 쓸 수 있을까요?**
> 와이화이가 츠까에마스까
>
> Wi-Fiが 使えますか。

이동할 때 | 숙박할 때 | 식사할 때 | 쇼핑할 때 | 관광할 때 | 긴급할 때

---

†📷 사진으로 보는 여행 TIP

일본의 식당이나 카페에서는 콘센트가 있어도 스마트폰이나 노트북 등을 함부로 충전하면 안 됩니다. 전기도둑(電気泥棒, 뎅끼도로보-) 이라는 말이 있을 정도로 주의해야 할 행동입니다. 그러나 사용 가능 하다는 표시가 있는 곳에서는 자유롭게 사용해도 됩니다.

편의점에서

Track03-14

❶ 물건 계산하기

계산 부탁합니다.
오카이께- 오네가이시마스
お会計 お願いします。

계산하기 ▶

포인트 카드 있으세요?
포인또카-도와 오모찌데쇼-까
ポイントカードは お持ちでしょうか。

비닐봉투 이용하세요?
레지부꾸로 고리요-데스까
レジ袋 ご利用ですか。

봉투는 따로(나눠) 담아드릴까요?
후꾸로와 오와께시마쇼-까
袋は お分けしましょうか。

❷ 물건 및 서비스 문의하기

이것은 기간 한정 상품인가요?
코레와 키깡겐떼-쇼-힝데스까
これは 期間限定商品ですか。

- ▣ 일본은 계절에 맞추어 그 기간에만 맛볼 수 있는 기간 한정 상품으로 다양한 음료나 맥주, 과자 등이 출시됩니다.

네, 기간 한정 상품입니다.
하이, 키깡겐떼-쇼-힝데스
はい、期間限定商品です。

뜨거운 물 있나요?

오유와 아리마스까

お湯は ありますか。

- 편의점에 따라 점내에 먹을 곳이 없는 경우도 있어, 뜨거운 물이 필요한 경우 이런 표현을 사용하면 좋습니다.

화장실을 빌려도 되나요?

토이레오 카리떼모 이이데스까

トイレを 借りても いいですか。

점내에 ATM은 있나요?

텐나이니 에이티에무와 아리마스까

店内に ATMは ありますか。

- 한국에서 발급받은 트래블카드로 일본의 편의점 ATM에서 인출이 가능하며, 일부 편의점에서는 결제 시 할인 혜택도 있습니다.

저기에 있습니다.

아소꼬니 아리마스

あそこに あります。

📷 사진으로 보는 여행 TIP

일본의 편의점은 보통 화장실 사용이 개방되어 있는데 이 사실을 모르는 관광객도 많이 있습니다. 급하게 화장실을 이용하고 싶을 때 직원에게 화장실을 사용해도 되는지 물어 보세요.

> **화장실을 빌려도 되나요?**
>
> 토이레오 카리떼모 이이데스까
>
> トイレを 借りても いいですか。

③ 조리 식품 구입하기

오뎅 주세요.

오뎅 쿠다사이

おでん ください。

치킨	가라아게	고로케
치킹	카라아게	코록께
チキン	唐揚げ	コロッケ

호빵	군고구마	춘권
츄ー까망	야끼이모	하루마끼
中華まん	焼き芋	春巻き

포테이토	소시지	핫도그
포떼또	후랑꾸	아메리깡독구
ポテト	フランク	アメリカンドッグ

데워드릴까요?
아따따메마스까
温めますか。

데워 주세요.

아따따메떼 쿠다사이

温めて ください。

전자레인지 이용하기 ▶

> 🔘 한국에서는 자유롭게 데워서 가져가지만 일본에서는 직원에게 부탁하거나 직원이 묻는 경우가 많습니다. 요즘은 큰 편의점에서는 자유롭게 전자레인지를 이용할 수 있는 곳이 많아졌습니다.

젓가락이랑 숟가락 두 개 주세요.

오하시또 스푸ー응 니홍 쿠다사이

お箸と スプーン 二本 ください。

> 🔘 젓가락을 달라고 할 땐 '한 벌', '두 벌' 이라는 뜻으로 一膳(이찌젠), 二膳(니젠) 이라고 하면 됩니다.

🎞 사진으로 보는 여행 TIP

한국에서는 생선살을 으깬 것으로 만든 음식을 어묵 또는 오뎅이라고 하는데, 일본에서는 곤약, 무, 계란, 떡, 두부 등 다양한 재료를 넣고 끓이는 음식을 오뎅이라고 합니다. 지역에 따라 다르지만 겨울철에 일본 여행을 간다면 편의점에서 아래와 같이 오뎅을 주문해서 먹어보는 것에 도전하면 어떨까요?

① 오뎅주문

> **오뎅 부탁합니다.**
> 오뎅 오네가이시마스
> おでん お願いします。

② 용기선택

> **사이즈는 어떻게 하시겠습니까?**
> 사이즈와 도- 시마스까
> サイズは どう しますか。

> **큰 것 / 작은 것으로 부탁합니다.**
> 오-끼이노 / 치이사이노데 오네가이시마스
> 大きいの / 小さいので お願いします。

③ 메뉴선택

계란	무	곤약	실곤약
타마고	다이꽁	콘냐꾸	시라타끼
たまご	大根	こんにゃく	しらたき

튀긴 두부	유부 모찌 주머니	소 힘줄	생선살
아쯔아게	모찌킨쨔쿠	규-스지	치꾸와
厚揚げ	餅巾着	牛すじ	ちくわ

한펜	두부 어묵	다시마	사츠마아게
한뻰	간모	콤부	사쯔마아게
はんぺん	がんも	昆布	さつま揚げ

④ 소스선택

> **양념은 필요하십니까?**
> 야꾸미와 오츠께시마스까
> 薬味は お付けしますか。

> **겨자 / 된장 소스 / 유자후추 주세요.**
> 카라시 / 미소타레 / 유즈코쇼- 쿠다사이
> からし / みそたれ / 柚子こしょう ください。

이동할 때
숙박할 때
식사할 때
쇼핑할 때
관광할 때
긴급할 때

쇼핑할 때

상황별 필수 회화

- 결제할 때
- 교환/반품할 때
- 면세 받을 때

장소별 핵심 회화

- 드러그스토어에서
- 백화점/명품 매장에서
- 화장품 매장에서
- 의류 매장에서
- 신발 매장에서
- 서점/애니메이션 굿즈 매장에서
- 전자제품 매장에서

🛍 결제할 때

Track04-01

❶ 계산대 위치 묻기

계산대는 어디예요?
레지와 도꼬데스까
レジは どこですか。

핵심표현 4 ~어디예요?
= ~도꼬데스까

이쪽[저쪽]입니다.
코찌라[아찌라]데스
こちら[あちら]です。

계산은 저쪽에서 부탁드립니다.
오카이께-와 아찌라데 오네가이시마스
お会計は あちらで お願いします。

❷ 각종 수단으로 결제하기

계산 부탁합니다.
오카이께- 오네가이시마스
お会計 お願いします。

핵심표현 5 ~부탁합니다
= ~오네가이시마스

다해서 3,500엔입니다.
고-께- 산젱고햐꾸엔데스
合計 3,500円です。

신용카드 돼요?
쿠레짓또카-도와 츠까에마스까
クレジットカードは 使えますか。

└→ IC카드	네이버페이	카카오페이	삼성페이
아이씨카-도	네이바-페이	카카오페이	사무송페이
ICカード	ネイバーペイ	カカオペイ	サムソンペイ

네, 됩니다.
하이, 츠까에마스
はい、使(つか)えます。

카드를 이쪽에 터치해 주세요.
카-도오 코찌라니 탓찌시떼 쿠다사이
カードを こちらに タッチして ください。

카드를 이쪽에 넣어 주세요.
카-도오 코찌라니 오이레쿠다사이
カードを こちらに お入(い)れください。

● 기계에서는 「카-도오 소-뉴-시떼 쿠다사이(カードを挿入(そうにゅう)してください, 카드를 삽입해 주세요)」라고도 합니다. 그리고 「카-도오 오토리쿠다사이(カードをお取(と)りください, 카드를 빼 주세요)」라고 하면 빼면 됩니다.

❸ 계산이 잘못된 경우 대처하기

계산[거스름돈]이 잘못된 것 같아요.
카이케-[오쯔리]가 마찌갓떼이루 미따이데스
会計(かいけい)[おつり]が 間違(まちが)っている みたいです。

잠시만 기다려 주세요. 확인해 드리겠습니다.
쇼-쇼- 오마찌쿠다사이. 카꾸닝이따시마스
少々(しょうしょう) お待(ま)ちください。確認(かくにん)いたします。

📷 사진으로 보는 여행 TIP

최근에는 일본에서도 간편결제 시스템이 보편화되면서 동전을 많이 들고 다닐 필요가 없게 되었습니다. 그중 '페이페이'는 일본에서 가장 보편적으로 사용되는 QR 결제 서비스로, 편의점, 쇼핑몰, 면세점, 식당 등에서 편리하게 결제할 수 있습니다. 우리나라의 네이버페이도 알리페이 플러스와 제휴하여 환전 없이 사용이 가능하며, 일본의 대표 간편결제인 페이페이 가맹점에서 카카오페이, 토스페이, 삼성페이 등의 결제가 가능합니다.

간편 결제 하기 ▶

🛍 교환/반품할 때

Track04-02

❶ 교환하기

이거 교환할 수 있나요?
코레 코-깡 데끼마스까
これ 交換 できますか。

> 핵심표현1) ~할 수 있나요?
> = ~데끼마스까

> **무슨 문제 있으세요?**
> 나니까 몬다이가 고자이마스까
> 何か 問題が ございますか。

사이즈가 안 맞아요.
사이즈가 아와나인데스
サイズが 合わないんです。

좀 더 작은[큰] 사이즈로 바꿀 수 있나요?
모-스꼬시 치이사이[오-끼이]사이즈니 카에라레마스까
もう少し 小さい[大きい]サイズに 変えられますか。

> **죄송합니다만, 현재 재고가 없습니다.**
> 모-시와께고자이마셍가, 겐자이 자이꼬가 아리마셍
> 申し訳 ございませんが、現在 在庫が ありません。

얼룩이 있어요.
요고레가 아룬데스
汚れが あるんです。

구멍이 나 있어요.
아나가 아이떼 이룬데스
穴が 開いて いるんです。

❷ 반품하기

이것을 반품하고 싶은데요.
코레오 헴삥시따인데스가
これを 返品したいんですが。

핵심표현6 ~(하고) 싶은데요
= ~따인데스가

영수증 갖고 계세요?
레시-또와 오모찌데쇼-까
レシートは お持ちでしょうか。

네, 있어요.
하이, 아리마스
はい、あります。

영수증과 카드 부탁드립니다.
레시-또또 카-도오 오네가이이따시마스
レシートと カードを お願いいたします。

아니요. 없습니다.
이이에, 아리마셍
いいえ、ありません。

죄송하지만, 영수증이 없으면 반품이 안 됩니다.
모-시와께고자이마셍가, 레시-또가 나께레바 헴삥 데끼마셍
申し訳ございませんが、レシートが なければ 返品 できません。

📷 사진으로 보는 여행 TIP

일본에서는 상품에 문제가 생겼을 때 영수증을 지참하여 반품, 교환을 할 수 있지만, 택이 없거나 영수증이 없으면 원칙적으로 교환, 반품이 안 됩니다. 또한 고객의 단순 변심으로 인한 교환이나 반품은 거의 안 되는 경우가 많기 때문에 구매 전 반드시 색상, 사이즈 등을 미리 확인하여 신중하게 구매 하는 게 좋습니다.

이동할 때

숙박할 때

식사할 때

쇼핑할 때

관광할 때

긴급할 때

면세 받을 때

Track04-03

❶ 면세 받기

면세할 수 있나요?
멘제- 데끼마스까
免税 できますか。

핵심표현1 ~할 수 있나요?
= ~데끼마스까

네, 가능합니다.
하이, 데끼마스
はい、できます。

아니요, 안 됩니다.
이이에, 데끼마셍
いいえ、できません。

면세 카운터는 어디예요?
멘제-카운따-와 도꼬데스까
免税カウンターは どこですか。

핵심표현4 ~어디예요?
= ~도꼬데스까

6층에 있습니다.
록까이니 아리마스
6 階に あります。

1층	2층	3층	4층	5층
익까이	니까이	상가이	욘까이	고까이
いっかい	にかい	さんがい	よんかい	ごかい
1 階	2 階	3 階	4 階	5 階
6층	7층	8층	9층	10층
록까이	나나까이	하찌까이	큐-까이	쥬까이
ろっかい	ななかい	はちかい	きゅうかい	じゅっかい
6 階	7 階	8 階	9 階	10 階

면세는 얼마부터 돼요?

멘제-와 이꾸라까라데스까

免税は いくらからですか。

- 일반적으로 세금 빼고 5,000엔 이상일 때(세금 포함 5,500엔) 10% 면세가 가능
  합니다.

면세로 부탁합니다.

멘제-데 오네가이시마스

免税で お願いします。

핵심표현5 ~부탁합니다
= ~오네가이시마스

여권과 영수증을 보여주세요.

파스뽀-또또 레시-또오 오미세쿠다사이

パスポートと レシートを お見せください。

이쪽에 사인을 부탁드립니다.

코찌라니 사잉오 오네가이이따시마스

こちらに サインを お願いいたします。

귀국할 때까지 봉투를 열지 마세요.

귀꼬꾸스루마데 후꾸로오 아께나이데 쿠다사이

帰国するまで 袋を 開けないで ください。

이동할 때 | 숙박할 때 | 식사할 때 | 쇼핑할 때 | 관광할 때 | 긴급할 때

사진으로 보는 여행 TIP

'텍스프리(Tax Free)'는 매장에서 결제할 때 부가세(소비세)가 면제된 가격으로 구입하는 것을 뜻하고, '텍스리펀(Tax Refund)'은 세금이 포함된 금액으로 결제한 뒤에 리펀데스크 등에서 세금을 돌려받는 면세 방법을 뜻합니다. 세금을 돌려받기 위해서는 최소 기준 금액(세금 포함) 이상 결제해야 하며, 실물 여권이 꼭 있어야 하는데, 카드로 결제했을 경우 여권 이름과 카드 명의자의 이름이 일치해야 합니다. 면세 받은 물건은 환불이 불가능하고 물건 포장의 개봉도 귀국할 때까지 원칙적으로 불가능합니다.

면세 받기 ▶

🛍 드러그스토어에서

Track04-04

➊ 원하는 상품 위치 묻기

곤약젤리는 어디에 있나요?
콘냐꾸제리-와 도꼬니 아리마스까
こんにゃくゼリーは どこに ありますか。

킷캣 킷또깟또 キットカット	**위스키** 우이스끼- ウイスキー	**맥주** 비-루 ビール
라멘 라-멩 ラーメン	**전병(과자)** 셈베- せんべい	**오차즈케** 오챠즈께 お茶漬け
후리카케 후리까께 ふりかけ	**해열패치** 레-꺄꾸 시-또 冷却シート	**동전파스** 로이히쯔보코- ロイヒつぼ膏
카베진 캬베징 キャベジン	**오타이산** 오오타이상 太田胃散	**안약** 메구스리 目薬
폼클렌징 셍간료- 洗顔料	**입욕제** 뉴-요꾸자이 入浴剤	**산리오굿즈** 산리오굿즈 サンリオグッズ

이쪽으로 오세요.
코찌라에 도-조
こちらへ どうぞ。

이거 더 있나요?
코레 못또 아리마스까
これ もっと ありますか。

네, 있습니다.
하이, 아리마스
はい、あります。

죄송합니다만, 품절입니다.
스미마셍가, 우리끼레데스
すみませんが、売り切れです。

비행기에 가지고 갈 수 있나요?
히꼬─끼니 모찌코미 데끼마스까
飛行機に 持ち込み できますか。

이것은 어떻게 사용해요?
코레와 도─얏떼 츠까이마스까
これは どうやって 使いますか。

📷 사진으로 보는 여행 TIP

일본에서 기념품을 사고 한국으로 귀국할 때 기내에 반입 불가능한 품목은 반드시 위탁 수하물로 보내야 합니다. 아래 품목은 일반적인 품목이며 항공사마다 규정이 다를 수 있으므로 반드시 확인해야 합니다.

① 보조배터리, 배터리가 내장된 무선 고데기, 전자담배는 기본적으로 반입이 불가능하지만, 소형 성냥이나 라이터는 1인당 1개까지 휴대 가능합니다.

② 100ml이상의 액체류는 반입이 불가능합니다. 식품(반찬, 김치 등), 음료, 술, 화장품(스킨, 로션, 폼클렌징, 헤어팩 등)은 공항에 있는 액체류 사전 정리대를 이용할 수 있습니다.

③ 튜브형이나 파우치형 곤약젤리는 기내 반입이 가능합니다. 단, 용기당 100ml이하 제품만 가능하고 총 1L 이하의 투명 비닐팩에 담아야 하며 규정을 초과한 양은 위탁 수하물로 부쳐야 합니다. 넥쿨러의 경우 위탁 수하물로 보내야 합니다.

백화점/명품 매장에서

Track04-05

❶ 시설 및 매장 위치 묻기

화장실은 어디에 있나요?

토이레와 도꼬니 아리마스까

トイレは どこに ありますか。

엘리베이터	**에스컬레이터**	**로커**
에레베ㅡ따ㅡ	에스까레ㅡ따ㅡ	록까ㅡ
エレベーター	エスカレーター	ロッカー

인포메이션	**수유실**	**이벤트홀**
잉호메ㅡ숑	쥬뉴ㅡ시쯔	이벤또호ㅡ루
インフォメーション	授乳室	イベントホール

아동복 매장은 몇 층이에요?

코도모후꾸우리바와 낭가이데스까

子供服売り場は 何階ですか。

잡화	**여성복**	**남성복**
작까	후징후꾸	신시후꾸
雑貨	婦人服	紳士服

액세서리	**가전**	**골프용품**
아꾸세사리ㅡ	카덴	고루후요ㅡ힝
アクセサリー	家電	ゴルフ用品

스포츠 의류	**주방용품**	**식품**
스뽀ㅡ쯔웨아	킷칭요ㅡ힝	쇼꾸힝
スポーツウェア	キッチン用品	食品

4층입니다.

욘까이데 고자이마스

4階で ございます。

② 원하는 상품 위치 묻기

무엇을 찾으세요?
나니까 오사가시데쇼―까
何か お探しでしょうか。

이 가방 있나요?
코노 카방와 아리마스까
この かばんは ありますか。

브랜드	지갑	시계	향수	선글라스
부란도	사이후	토께―	코―스이	산구라스
ブランド	財布	時計	香水	サングラス

모자	반지	목걸이	팔찌	귀걸이
보―시	유비와	넥꾸레스	부레스렛또	피아스
帽子	指輪	ネックレス	ブレスレット	ピアス

③ 계산하기

일시불로 해드릴까요?
익까쯔바라이데 요로시이데쇼―까
一括払いで よろしいでしょうか。

아니요, 할부로 부탁합니다.
이이에, 붕까쯔바라이데 오네가이시마스
いいえ、分割払いで お願いします。

몇 개월로 해드릴까요?
난까이바라이니 이따시마쇼―까
何回払いに いたしましょうか。

3개월로 부탁합니다.
상까이데 오네가이시마스
3回で お願いします。

④ 다른 상품 요청하기

다른 디자인도 보여 주세요.
호까노 데자잉모 미세떼 쿠다사이
他の デザインも 見せて ください。

색깔	사이즈	브랜드	스타일
이로	사이즈	부란도	스따이루
色	サイズ	ブランド	スタイル

잠시만 기다려 주세요. 확인해 드리겠습니다.
쇼-쇼- 오마찌쿠다사이. 카꾸닝이따시마스
少々 お待ちください。確認いたします。

⑤ 선물 포장 요청하기

선물이세요?
푸레젠또데스까
プレゼントですか。

네, 선물이에요.
하이, 푸레젠또데스
はい、プレゼントです。

본인이 사용하세요?
고지따꾸요-데스까
ご自宅用ですか。

네, 제가 쓸 거예요.
하이, 지따꾸요-데스
はい、自宅用です。

선물용으로 포장해 주세요.
푸레젠또요-니 츠쯘데 쿠다사이
プレゼント用に 包んで ください。

> ◉ 대부분 간단한 선물 포장은 무료이고, 일정 금액을 지불하는 유료 포장도 있고,
> 한국처럼 선물 포장 코너가 따로 있기도 합니다.

따로따로 포장해 주세요.
베쯔베쯔니 츠쯘데 쿠다사이
別々に 包んで ください。

선물용 봉투를 여기에서 골라 주세요.
푸레젠또요-노 후꾸로오 코찌라까라 오에라비쿠다사이
プレゼント用の 袋を こちらから お選びください。

랩핑은 유료입니다만, 괜찮으세요?
랍삥구와 유-료-니 나리마스가, 요로시이데쇼-까
ラッピングは 有料に なりますが、よろしいでしょうか。

종이봉투를 받을 수 있을까요?
카미부꾸로오 모라에마스까
紙袋を もらえますか。

✦📷 사진으로 보는 여행 TIP

한큐 백화점, 다이마루 백화점, 세이부 백화점, 미츠코
시 백화점, 이세탄 백화점 등 일본의 대부분의 백화점에
서는 외국인을 대상으로 텍스리펀과 별개로 받을 수 있
는 5% 할인 쿠폰인 '게스트 카드'를 발급해 줍니다. 백
화점 지점별로 기준 구매 금액 이상 결제 시 건당 할인
받을 수 있고, 횟수의 제한도 없기 때문에 유용합니다.

엔저일 때 일본의 공식 가격이 한국보다 저렴하면 면세 혜택과 게스트카드로 한국에서 보다
훨씬 저렴하게 구매할 수 있습니다. 단, 실물 여권은 꼭 지참해야 합니다.

화장품 매장에서

Track04-06

❶ 화장품 테스트하기

이 아이섀도우 사용해 봐도 되나요?
코노 아이샤도- 츠깟떼 미떼모 이이데스까
この アイシャドウ 使って みても いいですか。

스킨, 토너	로션	아이크림	에센스, 세럼
게쇼-스이	뉴-에끼	아이쿠리-무	비요-에끼
化粧水	乳液	アイクリーム	美容液

클렌징	폼클렌징	자외선 차단제(선크림)
메이꾸오또시	셍간료-	히야께도메쿠리-무
メイク落とし	洗顔料	日焼け止めクリーム

BB크림	CC크림	시트 마스크	파운데이션
비비쿠리-무	씨씨쿠리-무	시-또마스꾸	환데-숑
BBクリーム	CCクリーム	シートマスク	ファンデーション

메이크업베이스	파우더	아이라이너	마스카라
게쇼-시따지	파우다-	아이라이나-	마스까라
化粧下地	パウダー	アイライナー	マスカラ

블러셔	립스틱	립글로스	립크림
치-꾸	쿠찌베니	구로스	립뿌쿠리-무
チーク	口紅	グロス	リップクリーム

아이브로	컨실러	헤어에센스	핸드크림
아이부로-	콘시-라-	헤아엣센스	한도쿠리-무
アイブロウ	コンシーラー	ヘアエッセンス	ハンドクリーム

네, 자유롭게 사용해 보세요.
하이, 고지유-니 도-조
はい、ご自由に どうぞ。

128

② 효과 및 상태 말하기

> **어떤 효과가 있나요?**
> 돈나 코-까가 아리마스까
> どんな 効果が ありますか。

> **보습 효과가 있습니다.**
> 호시쯔코-까가 아리마스
> 保湿効果が あります。

미백	진정	탄력업
비하꾸	친세-	단료꾸압뿌
美白	鎮静	弾力アップ
수분보급	**브라이트닝**	**타이트닝**
우루오이	부라이또닝구	케아나히끼시메
うるおい	ブライトニング	毛穴引き締め
리프트업	**안티에이징**	**자외선 차단**
리후또압뿌	안찌에이징구	유브이캇또
リフトアップ	アンチエイジング	UVカット

> **여드름이 신경 쓰여요.**
> 니끼비가 키니 나리마스
> ニキビが 気に なります。

주름	기미	주근깨	탈모	건조
시와	시미	소바까스	누께게	칸소-
しわ	シミ	そばかす	抜け毛	乾燥

> **건성 피부예요.**
> 칸소-하다데스
> 乾燥肌です。

보통 피부	지성 피부	복합성 피부	민감성 피부
후쯔-하다	시세-하다	콩고-하다	빙깡하다
普通肌	脂性肌	混合肌	敏感肌

이동할 때

숙박할 때

식사할 때

쇼핑할 때

관광할 때

긴급할 때

🛍 의류 매장에서

Track04-07

① 매장 둘러보기

무엇을 찾으세요?
나니까 오사가시데쇼ー까
何か お探しでしょうか。

티셔츠를 찾고 있는데요.
티샤쯔오 사가시떼 이룬데스가
Tシャツを 探して いるんですが。

자켓 쟈껫또 ジャケット	**코트** 코ー또 コート	**블라우스** 부라우스 ブラウス
셔츠 샤쯔 シャツ	**가디건** 카ー디강 カーディガン	**스웨터** 세ー따ー セーター
원피스 왐삐ー스 ワンピース	**치마** 스까ー또 スカート	**바지** 즈봉 ズボン
반바지 탐빵 短パン	**청바지** 지ー빵 ジーパン	**수영복** 미즈기 水着

그냥 보고 있는 거예요.
타다 미떼이루 다께데스
ただ 見ている だけです。

천천히 보세요.
고육꾸리 도ー조
ごゆっくり どうぞ。

130

❷ 상품 추천받기

요즘 유행하는 게 뭐예요?
사이낑 하얏떼이루 모노와 난데스까
最近 流行っている ものは 何ですか。

이것은 요즘 인기가 많아요.
코찌라와 사이낑 닝끼데스요
こちらは 最近 人気ですよ。

이쪽이 신상품[추천 상품]입니다.
코찌라가 신쇼-힝[오스스메쇼-힝]데스
こちらが 新商品[おすすめ 商品]です。

이쪽은 세일 상품입니다.
코찌라와 세-루힝데스
こちらは セール品です。

입어봐도 되나요?
시쨔꾸시떼모 이이데스까
試着しても いいですか。

네, 입어 보세요.
하이, 도-조
はい、どうぞ。

이걸로 할게요.
코레니 시마스
これに します。

좀 생각해 볼게요.
춋또 캉가에떼 미마스
ちょっと 考えて みます。

③ 다른 상품 요청하기

다른 디자인[색깔]을 보여 주세요.
호까노 데자잉[이로]오 미세떼 쿠다사이
他の デザイン[色]を 見せて ください。

이 디자인[색깔]은 어떠십니까?
코찌라노 데자잉[이로]와 이까가데스까
こちらの デザイン[色]は いかがですか。

이 소재는 뭐예요?
코노 소자이와 난데스까
この 素材は 何ですか。

면 100퍼센트입니다.
멩 햐꾸파ー센또데스
綿 100パーセントです。

프리 사이즈예요?
후리ー사이즈데스까
フリーサイズですか。

좀 더 큰[작은] 사이즈가 있나요?
모ー스꼬시 오ー끼이[치이사이] 사이즈와 아리마스까
もう少し 大きい[小さい] サイズは ありますか。

네, 있습니다.
하이, 고자이마스
はい、ございます。

이것이 제일 큰[작은] 사이즈입니다.
코레가 이찌방 오ー끼이[치이사이] 사이즈데스
これが 一番 大きい[小さい] サイズです。

1) 색깔

하얀색(화이트)
시로(호와이또)
_{しろ}
白(ホワイト)

검은색(블랙)
쿠로(부락꾸)
_{くろ}
黒(ブラック)

빨간색(레드)
아까(렛도)
_{あか}
赤(レッド)

파란색(블루)
아오(부루-)
_{あお}
青(ブルー)

노란색(옐로우)
키이로(이에로-)
_{き いろ}
黄色(イエロー)

초록색(그린)
미도리(구리-잉)
_{みどり}
緑(グリーン)

보라색(퍼플)
무라사끼(파-뿌루)
_{むらさき}
紫(パープル)

갈색(브라운)
챠이로(부라웅)
_{ちゃいろ}
茶色(ブラウン)

분홍색(핑크)
핑꾸
ピンク

2) 소재

면
멩(콧똥)
_{めん}
綿(コットン)

마
아사(리넹)
_{あさ}
麻(リネン)

울
요-모-(우-루)
_{ようもう}
羊毛(ウール)

실크
키누(시루꾸)
_{きぬ}
絹(シルク)

가죽
카와(레쟈-)
_{かわ}
皮(レザー)

오리털
우모-(다웅)
_{うもう}
羽毛(ダウン)

캐시미어
카시미아
カシミア

벨벳
베루벳또
ベルベット

📷 사진으로 보는 여행 TIP

일본에서 아직 한국에 들어오지 않은 브랜드의 옷을 사는 것
도 추천합니다. 일본의 대표 패션 거리인 하라주쿠(原宿)에서
는 '랄프로렌(Ralph Lauren)', 'KITH', '단톤(DANTON)', '비
비안웨스트우드 레드라벨' 등의 브랜드를 만나볼 수 있습니
다. 일본의 옷 사이즈 표기는 한국과 다르기 때문에 옷을 고를
때 아래 사이즈 표를 참고하세요.

여성복 사이즈

한국	33	44	55	66	77	88
일본	5号(XS)	7号(S)	9号(M)	11号(L)	13号(XL)	15号(XXL)

남성복 사이즈

한국	85	90	95	100	105	110
일본	XS	S	M	L	XL	XXL

🛍 신발 매장에서

Track04-08

❶ 원하는 상품 위치 묻기

저기요, 부츠를 찾고 있는데요.
스미마셍, 부–쯔오 사가시떼 이룬데스가
すみません、ブーツを 探して いるんですが。

스니커즈	**펌프스**	**샌들**
스니–까–	팜뿌스	산다루
スニーカー	パンプス	サンダル

플랫슈즈	**가죽 구두**	**로퍼**
후랏또슈–즈	카와구쯔	로–화–
フラットシューズ	革靴	ローファー

❷ 신발 신어보기

이거 신어봐도 되나요?
코레 하이떼 미떼모 이이데스까
これ 履いて みても いいですか。

사이즈가 어떻게 되세요?
사이즈와 오이꾸쯔데스까
サイズは おいくつですか。

24(센치)입니다.
니쥬–욘(센찌)데스
24 (センチ) です。

네, 여기에서 신어 보세요.
하이, 코찌라데 도–조
はい、こちらで どうぞ。

다른 색 있나요?

이로치가이 아리마스까

色違い ありますか。

❸ 불편한 점 말하기

좀 끼는[헐렁한] 것 같아요.

춋또 키쯔이[유루이]데스

ちょっと きつい[ゆるい]です。

좀 무거워요.

춋또 오모이데스

ちょっと 重いです。

굽이 높아서 걷기 힘들어요.

히-루가 타까꾸떼 아루끼니꾸이데스

ヒールが 高くて 歩きにくいです。

이동할 때

숙박할 때

식사할 때

쇼핑할 때

관광할 때

긴급할 때

📷 사진으로 보는 여행 TIP

한국은 신발 사이즈를 말할 때 「mm」, 일본은 「cm」로 말합니다.

한국(mm)	일본(cm)	한국(mm)	일본(cm)
220	22 (니쥬-니)	260	26 (니쥬-로꾸)
225	22.5 (니쥬-니뗑고)	265	26.5 (니쥬-록뗑고)
230	23 (니쥬-상)	270	27 (니쥬-나나)
235	23.5 (니쥬-상뗑고)	275	27.5 (니쥬-나나뗑고)
240	24 (니쥬-용)	280	28 (니쥬-하찌)
245	24.5 (니쥬-용뗑고)	285	28.5 (니쥬-핫뗑고)
250	25 (니쥬-고)	290	29 (니쥬-큐-)
255	25.5 (니쥬-고뗑고)	295	29.5 (니쥬-큐-뗑고)

서점/애니메이션 굿즈 매장에서

Track04-09

❶ 원하는 상품 위치 묻기

만화책은 어디에 있나요?

망가와 도꼬니 아리마스까

漫画は どこに ありますか。

신간	잡지	소설	일러스트집	사진집
싱깡	잣시	쇼-세쯔	이라스또슈-	샤싱슈-
新刊	雑誌	小説	イラスト集	写真集

포켓몬스터 굿즈는 어디에 있나요?

포게몽노 굿즈와 도꼬니 아리마스까

ポケモンの グッズは どこに ありますか。

건담	주술회전	귀멸의 칼날	최애의 아이
간다무	쥬쥬쯔카이셍	키메쯔노야이바	오시노코
ガンダム	呪術廻戦	鬼滅の刃	推しの子

이 피규어를 찾고 있는데요.

코노 휘규아오 사가시떼 이룬데스가

この フィギュアを 探して いるんですが。

CD	블루레이	티셔츠
씨디	부루-레이	티샤쯔
CD	ブルーレイ	Tシャツ

키링	인형	아크릴 스탠드
키-링구	닝교-	아꾸리루스딴도
キーリング	人形	アクリルスタンド

한정판은 이제 없나요?

겐떼-방와 모- 아리마셍까

限定版は もう ありませんか。

죄송합니다만, 현재 재고가 없습니다.
모ー시와께고자이마셍가, 겐자이 자이꼬가 아리마셍
申し訳ございませんが、現在 在庫が ありません。

이 상품은 저희 매장에는 없습니다.
코찌라노 쇼ー힝와 토ー뗑니와 고자이마셍
こちらの 商品は 当店には ございません。

② 이벤트 참가하기

카드 게임 대회에 참가하고 싶은데요.
카ー도게ー무노 타이까이니 상까시따인데스가
カードゲームの 大会に 参加したいんですが。

이벤트 장소[대회 장소]는 어디예요?
이벤또카이죠ー[타이까이바쇼]와 도꼬데스까
イベント会場[大会場所]は どこですか。

3층 이벤트홀입니다.
상가이노 이벤또호ー루데스
3階の イベントホールです。

📷 사진으로 보는 여행 TIP

コミケ(코미케)는 코믹 마켓(comics market)의 일본식 약칭으로 매년 2회 여름과 겨울 도쿄 빅사이트에서 열리는 세계 최대 규모의 만화 애니메이션 행사입니다.
코미케는 현장 구매도 가능하며, 인터넷 티켓 구매 방법은 다음과 같습니다.
① 도쿄 코미케 공식 웹사이트 방문 → ② 티켓 예매 일정 확인(한국어 선택 가능) → ③ 지정 티켓 판매처를 통해 티켓 예매 → ④ 지정된 장소에서 예매한 티켓을 수령하거나 온라인으로 전자티켓 수령

전자제품 매장에서

Track04-10

❶ 원하는 상품 위치 묻기

> **스마트폰은 몇 층인가요?**
> 스마호와 낭가이데스까
> スマホは 何階ですか。

스마트워치 스마ー또웟찌 スマートウォッチ	**충전기** 쥬ー뎅끼 充電器	**보조배터리** 모바이루밧떼리ー モバイルバッテリー	**카메라** 카메라 カメラ
휴대폰케이스 케ー따이케ー스 ケータイケース	**게임** 게ー무 ゲーム	**헤드셋** 헷도셋또 ヘッドセット	**헤드폰** 헷도홍 ヘッドホン

> **어떤 것을 찾으세요?**
> 도ー잇따 모노오 오사가시데스까
> どういった ものを お探しですか。

> **아이폰을 찾고 있는데요.**
> 아이홍오 사가시떼 이룬데스가
> アイフォンを 探して いるんですが。

> **좀 더 기능이 좋은 것이 있나요?**
> 못또 키노ー가 이이노와 아리마스까
> もっと 機能が いいのは ありますか。

싼 것 야스이노 安いの	**가벼운 것** 카루이노 軽いの	**조작이 간단한 것** 소ー사가 칸딴나노 操作が 簡単なの
화질이 좋은 것 가시쯔가 이이노 画質が いいの	**음질이 좋은 것** 온시쯔가 이이노 音質が いいの	**배터리가 오래 가는 것** 쥬ー뎅노 모찌가 이이노 充電の 持ちが いいの

이건 어떠세요?
코레와 이까가데스까
これは いかがですか。

② 상품 관련 문의하기

220V에서 쓸 수 있나요?
니햐꾸니쥬-보루또데모 츠까에마스까
２２０ボルトでも 使えますか。

보증기간은 언제까지인가요?
호쇼-끼깡와 이쯔마데데스까
保証期間は いつまでですか。

한국에서도 보증이 되나요?
캉꼬꾸데모 호쇼- 데끼마스까
韓国でも 保証 できますか。

③ 가격 흥정하기

조금만 싸게 해 주시겠어요?
춋또 야스꾸시떼 모라에마스까
ちょっと 安くして もらえますか。

그럼, 이것을 무료로 드릴께요.
쟈, 코레오 무료-데 사시아게마스
じゃ、これを 無料で 差し上げます。

⌖ 사진으로 보는 여행 TIP

아키하바라(秋葉原)는 도쿄의 중심부에 위치한 지역으로, 전자제품, 게임, 애니메이션, 만화 등 다양한 아이템을 판매하는 일본의 전자제품과 오타쿠 문화의 메카입니다.

관광할 때

상황별 필수 회화

- 길/위치 찾을 때
- 티켓 구입할 때

장소별 핵심 회화

- 관광안내소에서
- 놀이공원에서
- 동물원/수족관에서
- 미술관/박물관에서
- 영화관/콘서트장에서
- 가라오케에서
- 헤어샵/네일샵/마사지샵에서

📷 길/위치 찾을 때

Track05-01

① 목적지에 가는 길 묻기

> **라라포트에 가고 싶은데요, 길을 가르쳐 주세요.**
> 라라포-또니 이까따인데스가, 미찌오 오시에떼 쿠다사이
> ららぽーとに 行きたいんですが、道を 教えて ください。
> └➤ 가려는 목적지를 넣어서 말해 보세요.

> **우에노 미술관을 찾고 있는데요, 어떻게 가면 돼요?**
> 우에노비쥬쯔깡오 사가시떼 이룬데스가, 도-얏떼 이께바 이이데스까
> 上野美術館を 探して いるんですが、どうやって 行けば いいですか。
> └➤ 가려는 목적지를 넣어서 말해 보세요.

② 목적지에 가는 수단 묻기

> **여기에서 걸어서 갈 수 있나요?**
> 코꼬까라 아루이떼 이께마스까
> ここから 歩いて 行けますか。
> └➤

지하철로	전철로	버스로	택시로	자전거로
치까떼쯔데	덴샤데	바스데	타꾸시-데	지뗀샤데
地下鉄で	電車で	バスで	タクシーで	自転車で

> **네, 갈 수 있어요.**
> 하이, 이께마스
> はい、行けます。

> **택시를 타는 편이 나아요.**
> 타꾸시-니 놋따 호-가 이이데스요
> タクシーに 乗った 方が いいですよ。

❸ 목적지의 위치 묻기

관광안내소는 어디예요?

핵심표현4 ~어디예요?
= ~도꼬데스까

캉꼬-안나이죠와 도꼬데스까

_{かんこうあんないじょ}
観光案内所は どこですか。

입구	출구	비상구	의무실
이리구찌	데구찌	히죠-구찌	큐-고시쯔
_{いりぐち} 入口	_{でぐち} 出口	_{ひじょうぐち} 非常口	_{きゅうごしつ} 救護室
매표소	**레스토랑**	**매점**	**기념품 가게**
치껫또우리바	레스또랑	바이뗑	오미야게야
_{う ば} チケット売り場	レストラン	_{ばいてん} 売店	_{みやげや} お土産屋

이쪽[저쪽]이에요.

코찌라[아찌라]데스

こちら[あちら]です。

화장실은 어디에 있나요?

핵심표현4 ~있나요?
= ~아리마스까

토이레와 도꼬니 아리마스까

トイレは どこに ありますか。

● 화장실은 일본어로 お手洗い(오테아라이), ^{けしょうしつ}化粧室(케쇼-시쯔)라고도 합니다.

공원 안에 있어요.

코-엥노 나까니 아리마스

_{こうえん}　_{なか}
公園の 中に あります。

밖	앞	뒤	맞은편
소또	마에	우시로	무까이
_{そと} 外	_{まえ} 前	_{うし} 後ろ	_む 向かい
오른쪽	**왼쪽**	**옆**	**근처**
미기	히다리	토나리	치까꾸
_{みぎ} 右	_{ひだり} 左	_{となり} 隣	_{ちか} 近く

이동할 때
숙박할 때
식사할 때
쇼핑할 때
관광할 때
긴급할 때

📷 티켓 구입할 때

Track05-02

❶ 입장료 묻기

입장료는 얼마인가요?
뉴-죠-료-와 이꾸라데스까
にゅうじょうりょう
入場料は いくらですか。

> ▣ 일본의 관광지 입장권은 여행 전에 클룩(klook) 등의 해외/국내 여행 레저 예약
> 사이트에서 미리 구입할 수도 있습니다.

500엔입니다.
고햐꾸엔데스
ごひゃくえん
500円です。

초등학생은 무료인가요?
쇼-각세-와 무료-데스까
しょうがくせい　　む りょう
小学生は 無料ですか。

→ **유아**　　　**65세 이상**
　　요-지　　　로꾸쥬-고사이 이죠-
　　ようじ　　　ろくじゅうごさい い じょう
　　幼児　　　６５歳 以上

네, 무료입니다.
하이, 무료-데스
む りょう
はい、無料です。

신분증을 제시해 주세요.
미분쇼-메이쇼오 고테-지쿠다사이
み ぶんしょうめいしょ　　てい じ
身分証明書を ご提示ください。

아니요, 유료입니다.
이이에, 유-료-데스
ゆうりょう
いいえ、有料です。

144

❷ 티켓 구입하기

어른 1장, 아이 2장 주세요.
오또나 이찌마이 코도모 니마이 쿠다사이
大人 1枚、子供 2枚 ください。

핵심표현2 ~주세요
= ~쿠다사이

3장	4장	5장	6장
삼마이	욤마이	고마이	로꾸마이
さんまい	よんまい	ごまい	ろくまい
3枚	4枚	5枚	6枚

다해서 1,000엔입니다.
고-께- 셍엔데스
合計 1,000円です。

❸ 티켓 사용 여부 확인하기

이 티켓은 사용할 수 있나요?
코노 치껫또와 츠까에마스까
この チケットは 使えますか。

네, 사용할 수 있어요.
하이, 츠까에마스
はい、使えます。

아니요, 사용할 수 없어요.
이이에, 츠까에마셍
いいえ、使えません。

📷 사진으로 보는 여행 TIP

최근에는 놀이공원에서 한정된 시간을 효율적으로 사용하기 위해 긴 줄을 서지 않고 빨리 탈 수 있는 특별한 티켓이 인기를 모으고 있습니다. 디즈니랜드는 '프리미어 액세스', 유니버셜 스튜디오는 '익스프레스 패스'라는 이름으로 티켓을 판매하고 있으며, 일부 인기 있는 어트랙션이 대상입니다. 디즈니랜드는 공식 어플에서, 유니버셜 스튜디오는 공식 홈페이지에서 티켓을 구입할 수 있습니다.

📷 관광안내소에서

Track05-03

❶ 목적지에 가는 길 묻기

> **뭐 좀 물어보고 싶은데요.**
> 춋또 키끼따인데스가
> ちょっと 聞<small>き</small>きたいんですが。

> **네, 무슨 일이세요?**
> 하이, 난데쇼－까
> はい、何<small>なん</small>でしょうか。

> **길을 잃어버렸어요.**
> 미찌니 마요이마시따
> 道<small>みち</small>に 迷<small>まよ</small>いました。

> **오사카성에 가고 싶은데요.**
> 오－사까죠－니 이끼따인데스가
> 大阪城<small>おおさかじょう</small>に 行<small>い</small>きたいんですが。

> **유람선을 타고 싶은데요, 어디로 가야 하나요?**
> 유－란센니 노리따인데스가, 도꼬니 이께바 이이데스까
> 遊覧船<small>ゆうらんせん</small>に 乗<small>の</small>りたいんですが、どこに 行<small>い</small>けば いいですか。

> **전망대에 가려면 어떻게 가면 돼요?**
> 템보－다이니 이꾸니와 도－얏떼 이께바 이이데스까
> 展望台<small>てんぼうだい</small>に 行<small>い</small>くには どうやって 行<small>い</small>けば いいですか。

> **이쪽 지도[맵]를 보세요.**
> 코찌라노 치즈[맙뿌]오 미떼 쿠다사이
> こちらの 地図<small>ちず</small>[マップ]を 見<small>み</small>て ください。

이 지도에서 어디쯤인가요?
코노 치즈데 도노 헨데스까
この 地図で どの 辺ですか。

지도를 받을 수 있나요?
치즈오 모라에마스까
地図を もらえますか。

② 잘 못 들어서 다시 묻기

다시 한번 말씀해 주세요.
모-이찌도 잇떼 쿠다사이
もう一度 言って ください。

영어로 말씀해 주시겠어요?
에-고데 하나시떼 모라에마스까
英語で 話して もらえますか。

③ 대여용품 문의하기

오디오 가이드를 빌려주시겠어요?
오-디오가이도오 카시떼 모라에마스까
オーディオガイドを 貸して もらえますか。

유모차	휠체어	우산
베비-까-	쿠루마이스	카사
ベビーカー	車 いす	傘

유모차는 어디에 두면 돼요?
베비-까-와 도꼬니 오께바 이이데스까
ベビーカーは どこに 置けば いいですか。

❹ 시설 휴무일 묻기

휴일은 언제인가요?
야스미노히와 이쯔데스까
休みの日は いつですか。

연중무휴입니다.
넨쥬-무뀨-데스
年中無休です。

매주 월요일입니다.
마이슈- 게쯔요-비데스
毎週 月曜日です。

화요일	수요일	목요일
카요-비	스이요-비	모꾸요-비
火曜日	水曜日	木曜日

금요일	토요일	일요일
킹요-비	도요-비	니찌요-비
金曜日	土曜日	日曜日

❺ 사진 요청하기

사진[영상]을 찍어도 되나요?
샤싱[도-가]오 톳떼모 이이데스까
写真[動画]を 撮っても いいですか。

▶ 대표적으로 교토 기온 지역의 사유지에 들어가서 일부 여행객들이 허가없이 게이샤를 무단 촬영하거나 신체 접촉을 할 경우, 벌금을 낼 수도 있으니 주의해야 합니다.

저기요, 사진 좀 찍어 주시겠어요?
스미마셍, 샤싱오 톳떼 모라에마스까
すみません、写真を 撮って もらえますか。

이동할 때

숙박할 때

식사할 때

쇼핑할 때

관광할 때

긴급할 때

그럼, 찍을게요. 네, 치-즈.

쟈, 토리마스요. 하이, 치-즈

じゃ、撮りますよ。はい、チーズ。

이 카메라로도 부탁할 수 있나요?

코노 카메라데모 오네가이 데끼마스까

この カメラでも お願い できますか。

1장 더 부탁할 수 있나요?

모- 이찌마이 오네가이 데끼마스까

もう 1枚 お願い できますか。

후지산[바다]을 배경으로 찍어 주시겠어요?

후지상[우미]오 하이께-니 톳떼 모라에마스까

富士山[海]を 背景に 撮って もらえますか。

흔들려서, 1장 더 찍을까요?

부레따노데, 모- 이찌마이 토리마쇼-까

ぶれたので、もう 1枚 撮りましょうか。

가로[세로]로 찍어 주시겠어요?

요꼬무끼[타떼무끼]데 톳떼 모라에마스까

横向き[縦向き]で 撮って もらえますか。

여기를 눌러 주세요.

코꼬오 오시떼 쿠다사이

ここを 押して ください。

📷 놀이공원에서

Track05-04

① 티켓 구입하기

> 오후권은 몇 시부터 들어갈 수 있나요?
> 고고노 치껫또와 난지까라 하이레마스까
> 午後の チケットは 何時から 入れますか。

>> 오후 3시부터입니다.
>> 고고 산지까라데스
>> 午後 3時からです。

> 오후권으로 어른 2장, 아이 1장 주세요.
> 고고노 치껫또데 오또나 니마이, 코도모 이찌마이 쿠다사이
> 午後の チケットで 大人 2枚、子供 1枚 ください。

> 재입장 할 수 있나요?
> 사이뉴-죠-와 데끼마스까
> 再入場は できますか。

② 안내소에서 문의하기

> 개장[폐장]은 몇 시예요?
> 카이엥[헤-엥]와 난지데스까
> 開園[閉園]は 何時ですか。

>> 오전[오후] 10시입니다.
>> 고젱[고고] 쥬-지데스
>> 午前[午後] 10時です。

> 입구[출구]는 어디예요?
> 이리구찌[데구찌]와 도꼬데스까
> 入口[出口]は どこですか。

이쪽입니다.
코찌라데스
こちらです。

회전목마는 어디예요?
메리-고-란도와 도꼬데스까
メリーゴーランドは どこですか。

관람차	롤러코스터	바이킹
칸란샤	젯또코-스따-	바이낑구
かんらんしゃ 観覧車	ジェットコースター	バイキング

커피컵	귀신의 집	고 카트
코-히-캅뿌	오바께야시끼	고-카-또
コーヒーカップ	ば や しき お化け屋敷	ゴーカート

퍼레이드[불꽃놀이]는 어디에서 하나요?
파레-도[하나비]와 도꼬데 시마스까
パレード[花火]は どこで しますか。

이 맵을 보세요.
코노 맙뿌오 고랑쿠다사이
この マップを ご覧ください。

📷 사진으로 보는 여행 TIP

디즈니랜드와 디즈니씨에 놀러 가면 꼭 먹어야 할 간식들이 있습니다.
① 리틀 그린 만주
　- 토이스토리에 나오는 외계인 알린 모양의 찰떡 만주
② 미키 와플
　- 귀여운 모양과 달콤한 맛으로 특히 여성에게 인기 있는 간식
③ 로스트 치킨 치즈버거
　- 미키 손 모양의 치킨 버거
④ 포크라이스 롤
　- 매콤한 양념의 돼지고기에 밥을 넣어서 말아서 구운 간식
⑤ 스모크 터키 레그
　- 훈제 칠면조 다리로 만든 간식으로 특히 남성에게 인기 있
　　는 간식

📷 동물원/수족관에서

Track05-05

❶ 동물 및 물고기 위치 묻기

호랑이는 어디에 있나요?
토라와 도꼬니 이마스까
トラは どこに いますか。

코끼리 조ー ゾウ	**곰** 쿠마 クマ	**기린** 키링 キリン
사자 라이옹 ライオン	**원숭이** 사루 サル	**토끼** 우사기 ウサギ
판다 판다 パンダ	**돌고래** 이루까 イルカ	**바다표범** 아자라시 アザラシ
펭권 펭깅 ペンギン	**상어** 사메 サメ	**거북이** 카메 カメ

❷ 이용 관련 문의하기

만져도 되나요?
사왓떼모 이이데스까
触っても いいですか。

네, 만져 보세요.
하이, 도ー조
はい、どうぞ。

가까이 가면 위험해요.
치까즈이따라 아부나이데스요
近づいたら 危ないですよ。

먹이 파는 곳은 어디예요?
에사우리바와 도꼬데스까
えさ売り場は どこですか。

승마체험은 어디에서 할 수 있나요?
죠-바타이껜와 도꼬데 데끼마스까
乗馬体験は どこで できますか。

같이 사진 찍어도 되나요?
잇쇼니 샤싱오 톳떼모 이이데스까
一緒に 写真を 撮っても いいですか。

돌고래쇼는 몇 시부터예요?
이루까쇼-와 난지까라데스까
イルカショーは 何時からですか。

다 둘러보는 데 얼마나 걸리나요?
젬부 미떼마와루노니 도노구라이 카까리마스까
全部 見て回るのに どのぐらい かかりますか。

이동할 때
숙박할 때
식사할 때
쇼핑할 때
관광할 때
긴급할 때

📷 사진으로 보는 여행 TIP

'벳부 아프리칸 사파리'는 아시아에서 가장 규모가 큰 일본의 대표적인 동물원으로, 정글버스를 타고 동물들에게 먹이주기 체험이 가능합니다. 특히 자차로 직접 운전하면서 아름다운 자연 속에서 동물을 가까이에서 볼 수 있는 '마이카 사파리'로 유명합니다.

그리고 '추라우미 수족관'은 '아름다운 바다'라는 뜻의 세계 2위 규모의 거대 수족관으로, 오키나와의 대표 관광지입니다. 실내에서 고래상어를 비롯한 700여 종의 해양 동식물을 볼 수 있고, 야외에서 진행되는 '돌고래쇼'도 꼭 봐야 할 인기 공연입니다.

📷 미술관/박물관에서

Track05-06

① 티켓 교환하기

인터넷에서 예약했어요.
인따-넷또데 요야꾸시마시따
インターネットで 予約しました。

성함이 어떻게 되십니까?
오나마에 요로시이데쇼-까
お名前 よろしいでしょうか。

예약번호를 보여 주세요.
요야꾸방고-오 오미세쿠다사이
予約番号を お見せください。

몇 시부터 몇 시까지예요?
난지까라 난지마데데스까
何時から 何時までですか。

한국어 팸플릿이 있나요?
캉꼬꾸고노 팡후렛또와 아리마스까
韓国語の パンフレットは ありますか。

오디오 가이드를 빌릴 수 있나요?
오-디오가이도와 카리라레마스까
オーディオガイドは 借りられますか。

- ⦿ '투어라이브' 등과 같은 오디오 가이드 어플을 통해 유용하게 자유 여행을 즐길 수 있습니다.

154

❷ 주의사항 안내받기

이동할 때

숙박할 때

식사할 때

쇼핑할 때

관광할 때

긴급할 때

작품에 손대지 말아 주세요.

사꾸힝니 사와라나이데 쿠다사이

作品に 触らないで ください。

플래시[삼각대]는 금지입니다.

후랏슈사쯔에-[상꺄꾸]와 킨시또 낫떼 오리마스

フラッシュ撮影[三脚]は 禁止と なって おります。

여기에서 사진을 찍지 말아 주세요.

코꼬데 샤싱오 토라나이데 쿠다사이

ここで 写真を 撮らないで ください。

- 일부 미술관에서는 사진 촬영이 자유롭지만 특정 작품들은 사진 촬영을 금지하는 표시가 되어 있습니다.

관내에서는 조용히 해 주세요.

깐나이데와 오시즈까니 오네가이이따시마스

館内では お静かに お願いいたします。

아이들이 뛰어다니지 않도록 주의해 주세요.

오꼬사마가 하시라나이요- 오키오쯔께쿠다사이

お子様が 走らないよう お気を付けください。

네, 알겠습니다[죄송합니다].

하이, 와까리마시따[스미마셍]

はい、わかりました[すみません]。

⁺📷 사진으로 보는 여행 TIP

도쿄 지브리 미술관은 100% 예약제로 운영되기 때문에 미리 예약을 해야 합니다. 티켓은 매월 10일날 오전 10시에 다음 달 티켓이 오픈 되는데, 워낙 인기가 많아 대부분 오픈 당일 매진됩니다. 때문에 10시 이전에 미리 예약 홈페이지에 접속해서 대기 번호를 받고, 경쟁이 치 열한 오전 시간대 보다 오후 시간대를 노려 예약을 하면 예약 성공률 을 높일 수 있습니다.

영화관/콘서트장에서

Track05-07

❶ 줄 서기

밀지 마세요.
오사나이데 쿠다사이
押さないで ください。

좀 지나 갈게요.
춋또 토오리마스
ちょっと 通ります。

❷ 입장하기

영화[콘서트]는 몇 시부터예요?
에ー가[콘사ー또]와 난지까라데스까
映画[コンサート]は 何時からですか。

3시부터입니다.
산지까라데스
3時からです。

지금 들어가도 되나요?
이마 하잇떼모 이이데스까
今 入っても いいですか。

▶ 일본에는 '입장 정리권'이라는 시스템이 있는데, 이것은 '서비스의 순서를 결정하는 번호가 매겨진 티켓'을 뜻합니다. 정리권이 있는 이벤트들은 미리 체크해서 받아 두는 것이 좋습니다.

QR코드를 보여 주세요.
큐아루코ー도오 오미세쿠다사이
QRコードを お見せください。

❸ 자리 찾기

같이 있는 자리가 좋아요.
요꼬나라비노 세끼가 이이데스
横並びの 席が いいです。

자리가 떨어져 있어도 괜찮아요.
세끼가 하나레떼모 다이죠-부데스
席が 離れても 大丈夫です。

이 자리는 비어 있나요?
코노 세끼와 아이떼 이마스까
この 席は 空いて いますか。

네, 비어 있어요.
하이, 아이떼 이마스
はい、空いて います。

❹ 공연 관련 문의하기

공연은 몇 시까지예요?
코-엥와 난지마데데스까
公演は 何時までですか。

무대인사는 있나요?
부따이아이사쯔와 아리마스까
舞台挨拶は ありますか。

굿즈 매장은 어디예요?
굿즈우리바와 도꼬데스까
グッズ売り場は どこですか。

이동할 때
숙박할 때
식사할 때
쇼핑할 때
관광할 때
긴급할 때

가라오케에서

Track05-08

① 입장 및 이용 안내받기

회원증은 갖고 계십니까?
카이인쇼-와 오모찌데쇼-까
会員証は お持ちでしょうか。

이용시간은 정하셨나요?
고리요- 지깡와 오키마리데쇼-까
ご利用時間は お決まりでしょうか。

이용은 처음이십니까?
고리요-와 하지메떼데스까
ご利用は 初めてですか。

1시간으로 부탁합니다.
이찌지깐데 오네가이시마스
１時間で お願いします。

1시간 30분	2시간	자유시간	올 나이트
이찌지깐 산쥰뿡	니지깐	후리-타이무	오-루나이또
１時間 ３０分	２時間	フリータイム	オールナイト

이쪽에 드링크바가 있으니 이용해 주세요.
코찌라노 도링꾸바-오 고리요-쿠다사이
こちらの ドリンクバーを ご利用ください。

라인(LINE)에 친구 추가를 해 주시면 음료가 1잔 무료입니다.
라인니 토모다찌츠이까시떼 이따다꾸또 오노미모노가 입빠이 무료-니 나리마스
LINEに 友達追加して いただくと お飲み物が １杯 無料に なります。

1인 1주문입니다.
왕오-다-세-니 낫떼 오리마스
ワンオーダー制に なって おります。

158

❷ 이용 문의하기

시간을 연장하고 싶은데요.
지깡오 엔쬬-시따인데스가
時間を 延長したいんですが。

한국 노래도 있나요?
캉꼬꾸노 우따모 아리마스까
韓国の 歌も ありますか。

마이크 소리가 안 나와요.
마이꾸노 오또가 데마셍
マイクの 音が 出ません。

화면이 안 켜져요.
가멩가 츠끼마셍
画面が つきません。

기계가 고장난 것 같아요.
키까이가 코쇼-시따 미따이데스
機械が 故障した みたいです。

태블릿이 터치가 안되요.
타부렛또가 탑뿌 데끼마셍
タブレットが タップ できません。

이동할 때
숙박할 때
식사할 때
쇼핑할 때
관광할 때
긴급할 때

📷 사진으로 보는 여행 TIP

일본의 가라오케는 이용 요금과 별도로 1인 드링크바가 있는 곳도 있는데 지점마다 플랜과 가격이 다릅니다. 리모콘은 태블릿으로 되어 있고, 음식 주문 태블릿도 따로 있습니다. 종료 10분 전에 연장 여부를 카운터에서 전화로 물어보는 경우도 있지만 그냥 연장해 버리는 경우도 있으므로 주의해야 합니다.

가라오케 입장하기 ▶

📷 헤어샵/네일샵/마사지샵에서

Track05-09

❶ 헤어샵에서 머리하기

컷트 부탁합니다.
캇또 오네가이시마스
カット お願いします。

펌	**매직**	**드라이**
파-마	슈꾸모-쿄-세-	셋또
パーマ	縮毛矯正	セット
염색	**탈색**	**붙임머리**
카라-	브리-찌	에꾸스텐숑
カラー	ブリーチ	エクステンション
샴푸	**크리닉**	**메이크업**
샴뿌-·부로-	토리-또멘또	메이꾸
シャンプー・ブロー	トリートメント	メイク

▶ 일본의 헤어샵은 기본적으로 예약제이므로, '핫페퍼 뷰티(ホットペッパービューティー)' 같은 예약 사이트에서 예약 후 방문해야 합니다.

이렇게 잘라 주세요.
콘나 칸지니 킷떼 쿠다사이
こんな 感じに 切って ください。

앞머리[뒷머리]는 조금만 잘라 주세요.
마에가미[우시로가미]와 스꼬시다께 킷떼 쿠다사이
前髪[後ろ髪]は 少しだけ 切って ください。

이 샴푸[트리트먼트], 살 수 있나요?
코노 샴뿌-[토리-또멘또], 카에마스까
この シャンプー[トリートメント]、買えますか。

160

② 네일샵에서 네일하기

젤네일로 부탁합니다.
제루네이루데 오네가이시마스
ジェルネイルで お願いします。

　　→ **이 디자인**　　**이 색**　　**그라데이션**　　**매니큐어**　　**페디큐어**
　　코노 데자잉　　코노 이로　　구라데-숑　　마니큐아　　페디큐아
　　この デザイン　　この 色　　グラデーション　　マニキュア　　ペディキュア

손톱을 짧게 해 주세요.
츠메오 미지까꾸시떼 쿠다사이
爪を 短くして ください。

젤 제거도 부탁합니다.
제루오후모 오네가이시마스
ジェルオフも お願いします。

③ 마사지샵에서 마사지 받기

60분 코스로 부탁합니다.
로꾸쥽뿡코-스데 오네가이시마스
60分コースで お願いします。

　　→ **90분**　　　**전신**　　　**프리미엄**
　　큐-쥽뽕　　　젠싱　　　푸레미아무
　　90分　　　全身　　　プレミアム

조금 더 세게[약하게] 해 주세요.
모-스꼬시 츠요꾸[요와꾸]시떼 쿠다사이
もう少し 強く[弱く]して ください。

긴급할 때 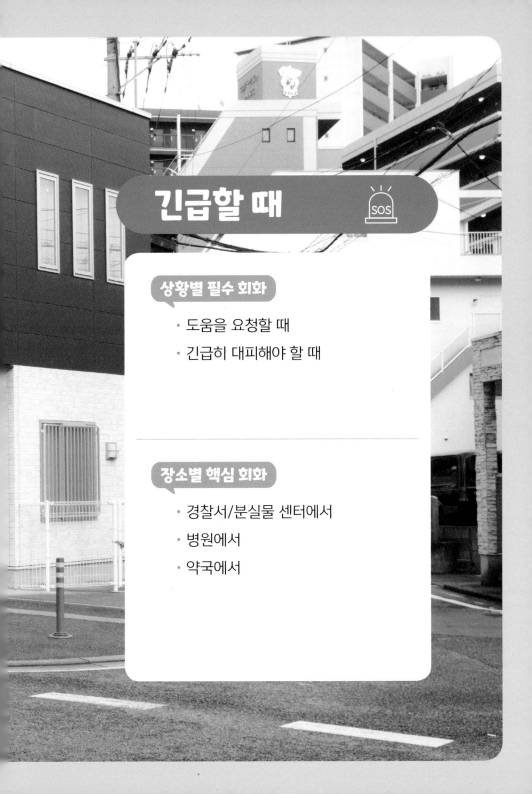 SOS

상황별 필수 회화

- 도움을 요청할 때
- 긴급히 대피해야 할 때

장소별 핵심 회화

- 경찰서/분실물 센터에서
- 병원에서
- 약국에서

도움을 요청할 때

Track06-01

① 도움 요청하기

도와주세요!
타스께떼 쿠다사이!
^{たす}
助けて ください！

핵심표현7) ~해 주세요
= ~떼 쿠다사이

부탁이 있는데요.
오네가이가 아룬데스가
^{ねが}
お願いが あるんですが。

한국어[영어]를 할 수 있는 분을 불러 주세요.
캉꼬꾸고[에-고]가 데끼루 히또오 욘데 쿠다사이
^{かんこく ご えい ご} ^{ひと よ}
韓国語[英語]が できる 人を 呼んで ください。

도와주시겠어요?
테오 카시떼 모라에마스까
^{て か}
手を 貸して もらえますか。

핵심표현8) ~해 주시겠어요?
= ~떼 모라에마스까

구급차를 불러 주세요.
큐-뀨-샤오 욘데 쿠다사이
^{きゅうきゅうしゃ よ}
救急車を 呼んで ください。

경찰	택시	의사 선생님
게-샤쯔	타꾸시-	오이샤상
^{けいさつ}警察	タクシー	^{いしゃ}お医者さん

164

호텔에 연락해 주세요.

호떼루니 렌라꾸시떼 쿠다사이

ホテルに 連絡して ください。

가이드	한국 대사관	분실물 센터
가이도	캉꼬꾸따이시깡	와스레모노센따-
ガイド	韓国大使館	忘れ物センター

가까운 병원은 어디예요?

핵심표현4 ~어디예요?
= ~도꼬데스까

치까꾸노 뵤-잉와 도꼬데스까

近くの 病院は どこですか。

구급센터	약국	파출소
큐-뀨-센따-	약꾜꾸	코-방
救急センター	薬局	交番

의무실	인포메이션	은행
큐-고시쯔	잉호메-숑	깅꼬-
救護室	インフォメーション	銀行

📷 사진으로 보는 여행 TIP

외교부와 소방청은 해외여행 중 갑작스러운 질병이나 부상 등 긴급 상황 발생 시 전화나 이메일, 인터넷, 카카오톡으로 도움을 요청할 수 있는 '재외국민 119 응급 의료 상담 서비스'를 시행하고 있습니다. 응급처치 요령, 약품 구입 및 복용 방법, 현지 의료기관 이용 방법, 환자 국내 이송 안내 등의 도움을 받을 수 있습니다.

① 전화로 상담하기
　외교부 영사콜센터 +82-2-3210-0404
　소방청 +82-44-320-0119

② 이메일/인터넷으로 상담하기
　이메일 central119ems@korea.kr
　인터넷119안전신고센터 www.119.go.kr

상담서비스 바로가기▶

③ 카카오톡으로 상담하기
　카카오톡 검색창 → 소방청 응급의료 상담서비스 검색 → 플러스친구 채널추가 → 채팅하기 → 상담 YES/NO → 응급상담 제한점 설명 → 소방청 인계 → 전문 응급 상담

상황별 필수 회화

긴급히 대피해야 할 때

Track06-02

❶ 상황 파악 및 전달하기

비상구는 어디예요?

히죠-구찌와 도꼬데스까

非常口は どこですか。

핵심표현 4 ~어디예요?
= ~도꼬데스까

계단	엘리베이터	입구	출구	개찰구
카이당	에레베-따-	이리구찌	데구찌	카이사쯔구찌
階段	エレベーター	入口	出口	改札口

지진이 있었습니다.

지싱가 아리마시따

地震が ありました。

화재	해일	사고	교통사고	사건
카지	츠나미	지꼬	코-쯔-지꼬	지껭
火事	津波	事故	交通事故	事件

길에서 쓰러졌어요.

미찌데 타오레마시따

道で 倒れました。

📷 사진으로 보는 여행 TIP

일본 여행 중 갑자기 스마트폰에서 경고음이 울리면서 "지신데스(地震です, 지진입니다)"라는 말이 들리고, 화면에 '緊急地震速報(긴급지진속보)'라는 알림이 뜨면 곧 지진이 일어날 수 있습니다. 이럴 때는 뭔가를 잡던지 빠르게 대피 장소로 대피하는 것이 좋습니다. 처음 경험하는 외국인의 경우는 당황할 수 있으니 침착하게 대응하는 것이 좋겠습니다.

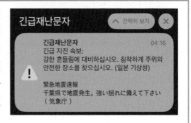

이쪽으로 피신해 주세요.
코찌라니 히난시떼 쿠다사이
こちらに 避難して ください。

손수건으로 입을 막으세요.
항까찌데 쿠찌오 후사이데 쿠다사이
ハンカチで 口を ふさいで ください。

책상 밑에 숨으세요.
츠꾸에노 시따니 하잇떼 쿠다사이
机の 下に 入って ください。

엘리베이터를 타지 마세요.
에레베ー따ー니 노라나이데 쿠다사이
エレベーターに 乗らないで ください。

움직이지 마세요.
우고까나이데 쿠다사이
動かないで ください。

밖으로 나가세요.
소또니 데떼 쿠다사이
外に 出て ください。

뛰지 마세요.
하시라나이데 쿠다사이
走らないで ください。

밀지 마세요.
오사나이데 쿠다사이
押さないで ください。

진정하세요.
오찌쯔이떼 쿠다사이
落ち着いて ください。

이 선을 따라 가세요.
코노셍니 솟떼 잇떼
쿠다사이
この線に 沿って 行って
ください。

경찰서/분실물 센터에서

Track06-03

❶ 분실 신고하기

> **무슨 일이십니까?**
> 도- 시마시따까
> どう しましたか。

여권을 잃어버렸어요.
파스뽀-또오 나꾸시마시따
パスポートを なくしました。

스마트폰	카메라	열쇠	표	카드키
스마호	카메라	카기	킵뿌	카-도키-
スマホ	カメラ	鍵(かぎ)	切符(きっぷ)	カードキー

가방을 소매치기 당했어요.
카방오 스라레마시따
かばんを すられました。

지갑	태블릿	신용카드	돈
사이후	타부렛또	쿠레짓또카-도	오카네
財布(さいふ)	タブレット	クレジットカード	お金(かね)

버스에 가방을 두고 내렸어요.
바스니 카방오 오끼와스레마시따
バスに かばんを 置き忘れました。(お わす)

지하철	신칸센	택시	전철	비행기
치카떼쯔	싱깐셍	타꾸시-	덴샤	히꼬-끼
地下鉄(ち かてつ)	新幹線(しんかんせん)	タクシー	電車(でんしゃ)	飛行機(ひこうき)

> **가방 안에 뭐가 들어 있습니까?**
> 카방노 나까니 나니가 하잇떼 이마스까
> かばんの 中に 何が 入って いますか。(なか) (なに) (はい)

여권이 들어 있어요.
파스뽀-또가 하잇떼 이마스
パスポートが 入って います。

찾으면 연락 드리겠습니다.
미쯔깟따라 고렌라꾸이따시마스
見つかったら ご連絡いたします。

어디로 찾으러 가면 되나요?
도꼬니 토리니 이께바 이이데스까
どこに 取りに 行けば いいですか。

분실 신고 증명서를 받을 수 있나요?
이시쯔토도께오 모라에마스까
遺失届を もらえますか。

이 서류에 체크한 부분을 작성해 주세요.
코노 쇼루이노 첵꾸시따 부붕니 키뉴-시떼 쿠다사이
この 書類の チェックした 部分に 記入して ください。

이것을 들고 한국 대사관에 가 주세요.
코레오 못떼 캉꼬꾸타이시깡니 잇떼 쿠다사이
これを 持って 韓国大使館に 行って ください。

📷 사진으로 보는 여행 TIP

대부분의 카드사는 카드 분실 등으로 인한 해외 부정 사용 피해를 막기 위해 출국 전 카드 사용 국가와 1일 사용 금액, 사용기간 등을 설정하는 서비스를 제공하고 있습니다. 해당 서비스를 신청하면 출국 기록이 없거나 입국이 확인된 이후에는 해외 오프라인 결제를 차단해 카드 부정거래 피해를 방지할 수 있습니다. 카드 부정 사용은 회원의 고의, 중과실이 없는 경우 카드사가 전액 보상하며, 본인 과실 정도에 따라 보상이 차등 적용됩니다.

병원에서

Track06-04

① 증상 말하기

마스크를 착용하고 들어오세요.
마스꾸오 쯔께떼 하잇떼 쿠다사이
マスクを つけて 入って ください。

몸 상태가 안 좋아요.
구아이가 와루이데스
具合が 悪いです。

어떤 증상이 있으세요?
돈나 쇼-죠-가 아리마스까
どんな 症状が ありますか。

여기가 아파요.
코꼬가 이따이데스
ここが 痛いです。

머리	배	목	눈
아따마	오나까	노도	메
頭	お腹	のど	目

다리	손	허리	어깨
아시	테	코시	카따
足	手	腰	肩

열을 재고 기다려 주세요.
네쯔오 하깟떼 오마찌쿠다사이
熱を 測って お待ちください。

보험 있으세요?
호껭와 아리마스까
保険は ありますか。

다리를 다쳤어요.
아시오 케가시마시따
<ruby>足<rt>あし</rt></ruby>を <ruby>怪我<rt>けが</rt></ruby>しました。

화상을 입었어요.
야께도시마시따
やけどしました。

오한이 있어요.
사무케가 시마스
<ruby>寒気<rt>さむけ</rt></ruby>が します。

어지러워요.
메마이가 시마스
めまいが します。

토할 것 같아요.
하끼께가 시마스
<ruby>吐<rt>は</rt></ruby>き<ruby>気<rt>け</rt></ruby>が します。

열이 나요.
네쯔가 아리마스
<ruby>熱<rt>ねつ</rt></ruby>が あります。

벌레에 물렸어요.
무시니 사사레마시따
<ruby>虫<rt>むし</rt></ruby>に <ruby>刺<rt>さ</rt></ruby>されました。

더부룩해요.
이모따레 시마스
<ruby>胃<rt>い</rt></ruby>もたれ します。

설사를 해요.
게리시떼 이마스
<ruby>下痢<rt>げり</rt></ruby>して います。

이동할 때 / 숙박할 때 / 식사할 때 / 쇼핑할 때 / 관광할 때 / 긴급할 때

📷 사진으로 보는 여행 TIP

일본 여행 중 발생할 수 있는 질병이나 사고에 대비해 여행자 보험은 꼭 가입하는 것이 좋습니다.

만약 병원에 가게 될 경우, 여행자 보험을 가입했으면 치료비를 관광객이 아닌 보험회사로 청구하기 때문에 관광객은 현지 의료기관에서 바로 비용을 결제하지 않고 진료를 받을 수 있습니다.

여행자 보험을 가입하지 않았다면 일본 응급실 등에서 치료를 받을 때 병원비 할인이나 혜택을 받기 어렵습니다. 여행자 보험에 가입하지 않은 외국인 관광객은 치료비 전액을 지불해야 하며, 한 번에 병원비를 지불하기 어려운 경우 분할 지불이나 지불 유예를 요청할 수 있습니다.

약국에서

Track06-05

❶ 약 구입하기

약을 주세요.

쿠스리오 쿠다사이

薬を ください。

┗━━▶

두통약	감기약	위장약	해열제
즈쯔ー야꾸	카제구스리	이쬬ー야꾸	게네쯔자이
頭痛薬	風邪薬	胃腸薬	解熱剤

진통제	지사제(설사약)	멀미약	가려움증약
이따미도메	게리도메	요이도메	카유미도메
痛み止め	下痢止め	酔い止め	かゆみ止め

비염약	안약	연고	파스
비엥야꾸	메구스리	낭꼬ー	십뿌
鼻炎薬	目薬	軟膏	湿布

반창고	피로회복제	숙취에 좋은 약
반소ー꼬ー	히로ー카이후꾸자이	후쯔까요이노쿠스리
絆創膏	疲労回復剤	二日酔いの薬

약 알레르기 있으세요?

쿠스리노 아레르기가 아리마스까

薬の アレルギーが ありますか。

하루에 3번 식후에 드세요.

이찌니찌 상까이 쇼꾸고니 논데 쿠다사이

1日 3回 食後に 飲んで ください。

┗━━▶

식전에	식간에	자기 전에	1회 2알을
쇼꾸젱니	쇽깡니	네루 마에니	익까이 니죠ー오
食前に	食間に	寝る前に	1回 2錠を

172

❷ 주의사항 안내받기

음주는 삼가해 주세요.
오사께와 히까에떼 쿠다사이
お酒は 控えて ください。

목욕은 하지 마세요.
오후로니 하이라나이데 쿠다사이
お風呂に 入らないで ください。

마스크 하는 편이 좋겠습니다.
마스꾸오 시따호-가 이이데스요
マスクを した方が いいですよ。

네, 알겠습니다.
하이, 와까리마시따
はい。わかりました。

이동할 때
숙박할 때
식사할 때
쇼핑할 때
관광할 때
긴급할 때

📷 사진으로 보는 여행 TIP

병원에서 진료를 받고 나면 처방전을 줍니다. 처방전을 가지고 약국에 가서 약을 받으면 되는데, 약국에서 받은 약 봉투에 복용 방법에 적혀 있으니 그대로 먹으면 됩니다.

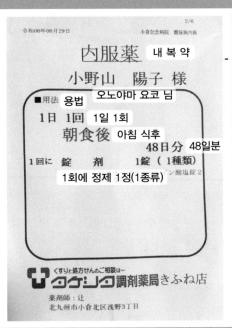

부록

- 긴급 상황 시 대처 방법
- 여행 필수 기초 단어
- 필요할 때 바로 찾는 상황별 단어 모음

긴급 상황 시 대처 방법

1 긴급 여권 신청 방법 ────────────────────

1. 경찰서 또는 파출소에서 여권 분실 신고 후 접수증 수령
경찰 (110), 소방서 및 구급차 (119)

2. 영사부/영사관에 긴급 여권 신청

3. 필요 서류
- 여권발급 신청서, 여권 분실 신고서, 긴급 여권발급 신청 사유서 (영사부 비치)
- 경찰기관 분실 신고 접수증
- 신분증 및 칼라 사진 1매
- 여권 발급 수수료 (6,890엔 *엔화 현금)
- 귀국편 항공권 사본 (소지자에 한함)

4. 발급 소요 시간
- 접수 : 평일 09:00~16:00 (토/일/공휴일 제외)
- 소요 : 업무일 기준 접수 후 1-2일

*경찰서에서 여권 분실 신고 표현은 p.168을 참고하세요.

2 일본 공항 의무실 정보 ────────────────────

1. 신치토세 공항
- 국내선 청사 1층 5번 도착 게이트 근처 (09:00~17:00)

2. 나리타 국제공항
- 1터미널 지하 1층 전철 통로 들어가기 전 근처 (09:00~17:00)
- 2터미널 지하 1층 세븐일레븐 근처 (11:00~17:00)

3. 도쿄 하네다 국제공항
- 1터미널 1층 중앙 엘리베이터 우측 수유실 근처 (09:00~17:00)
- 2터미널 1층 4번 출입구 근처 (09:00~22:00)
- 3터미널 1층 체크인 카운터 근처 (09:00~23:00)

4. 센트레아 나고야 중부 국제공항

- 1터미널 2층 국내선 도착 게이트 근처 (09:00~17:00)

5. 간사이 국제공항

- 1터미널 2층 A출입구 MUFG 은행 근처 (09:00~17:00)

6. 후쿠오카 공항

- 국내선 청사 2층 출발 보안검사장 근처 (09:00~18:00)

*병원에서 몸 상태에 대해 말하는 표현은 p.170을 참고하세요.

3 지진 발생 시 대응 매뉴얼

1. 호텔에서

- 문을 열어 출구를 확보한다.
- 화장실이나 욕실에 있는 경우 신속히 밖으로 나온다.
- 이불 등으로 머리를 보호하고 자세를 낮춰 흔들림이 멈출 때까지 기다린다.
- 흔들림이 멈춘 후 직원의 지시에 따른다.

2. 역, 백화점, 편의점, 공항 등의 공공장소

- 가방 등으로 머리를 보호한다.
- 근처 기둥이나 난간을 붙잡고 흔들림이 멈출 때까지 기다린다.
- 흔들림이 멈춘 후 직원 또는 안내 방송의 지시를 따른다.

3. 성, 공원 등의 야외 관광지

- 벽이나 기둥 등에서 멀리 떨어져 넓은 광장으로 이동한다.
- 흔들림이 멈춘 후 직원 또는 안내 방송의 지시에 따른다.

4. 절대 하면 안 되는 행동

- 맨발로 다니지 않는다.
- 당황하여 비상구나 계단으로 달려가지 않는다.
- 엘리베이터를 타지 않는다.
- 유리나 벽돌로 된 담벼락에 접근하지 않는다.

*긴급 상황 시 안내 표현은 p.167을 참고하세요.

1 지시대명사

이것	그것	저것	어느 것
코레 これ	소레 それ	아레 あれ	도레 どれ
여기	**거기**	**저기**	**어디**
<u>코꼬</u> ここ	<u>소꼬</u> そこ	아소꼬 あそこ	<u>도꼬</u> どこ
이	**그**	**저**	**어느**
<u>코노</u> この	<u>소노</u> その	아노 あの	<u>도노</u> どの

2 위치명사

위	안	아래	오른쪽	왼쪽
우에 うえ 上	나까 なか 中	시따 した 下	미기 みぎ 右	히다리 ひだり 左
앞	**뒤**	**맞은편**	**이웃, 옆**	**근처**
마에 まえ 前	우시로 うし 後ろ	무까이 む 向かい	토나리 となり 隣	치까꾸 ちか 近く

※ 위치 묻고 답하기

> **어디에 있습니까?**
> 도꼬니 아리마스까
> どこに ありますか。

> **~의 ~에 있습니다**
> ~노 ~니 아리마스
> ~の ~に あります。

3 숫자표현

1) 1~10

1	2	3	4	5
이찌	니	상	시/욘/요	고
いち	に	さん	し・よん・よ	ご
6	7	8	9	10
로꾸	시찌/나나	하찌	큐-/쿠	쥬-
ろく	しち・なな	はち	きゅう・く	じゅう

2) 10~100

10	20	30	40	50
쥬-	니쥬-	산쥬-	욘쥬-	고쥬-
じゅう	にじゅう	さんじゅう	よんじゅう	ごじゅう
60	70	80	90	100
로꾸쥬-	나나쥬-	하찌쥬-	큐-쥬-	햐꾸
ろくじゅう	ななじゅう	はちじゅう	きゅうじゅう	ひゃく

3) 100~1000

100	200	300	400	500
햐꾸	니햐꾸	삼뱌꾸	욘햐꾸	고햐꾸
ひゃく	にひゃく	さんびゃく	よんひゃく	ごひゃく
600	700	800	900	1000
롭빠꾸	나나햐꾸	합빠꾸	큐-햐꾸	셍
ろっぴゃく	ななひゃく	はっぴゃく	きゅうひゃく	せん

4) 1000~10000

1000	2000	3000	4000	5000
셍	니셍	산젱	욘셍	고셍
せん	にせん	さんぜん	よんせん	ごせん

6000	7000	8000	9000	10000
록셍	나나셍	핫셍	큐―셍	이찌망
ろくせん	ななせん	はっせん	きゅうせん	いちまん

5) 10000~100000

10000	20000	30000	40000	50000
이찌망	니망	삼망	욤망	고망
いちまん	にまん	さんまん	よんまん	ごまん

60000	70000	80000	90000	100000
로꾸망	나나망	하찌망	큐―망	쥬―망
ろくまん	ななまん	はちまん	きゅうまん	じゅうまん

4 시간표현

1시	2시	3시	4시	5시	6시
이찌지 いちじ	니지 にじ	산지 さんじ	요지 よじ	고지 ごじ	로꾸지 ろくじ
7시	**8시**	**9시**	**10시**	**11시**	**12시**
시찌지 しちじ	하찌지 はちじ	쿠지 くじ	쥬-지 じゅうじ	쥬-이찌지 じゅういちじ	쥬-니지 じゅうにじ
5분	**10분**	**15분**	**20분**	**25분**	**30분**
고훙 ごふん	쥽뿡 じゅっぷん	쥬-고훙 じゅうごふん	니쥽뿡 にじゅっぷん	니쥬-고훙 にじゅうごふん	산쥽뿡 さんじゅっぷん
35분	**40분**	**45분**	**50분**	**55분**	**몇 분**
산쥬-고훙 さんじゅうごふん	욘쥽뿡 よんじゅっぷん	욘쥬-고훙 よんじゅうごふん	고쥽뿡 ごじゅっぷん	고쥬-고훙 ごじゅうごふん	남뿡 なんぷん
오전	**오후**	**아침**	**점심**	**저녁**	
고젱 ごぜん 午前	고고 ごご 午後	아사 あさ 朝	히루 ひる 昼	요루 よる 夜	

※ 시간 묻고 답하기

지금 몇 시입니까?
이마 난지데스까
いま なんじ
今 何時 ですか。

~부터 ~까지
~까라 ~마데
~から ~まで

5 조수사

1) ~개

1개	2개	3개	4개	5개	6개
히또쯔 ひとつ	후따쯔 ふたつ	밋쯔 みっつ	욧쯔 よっつ	이쯔쯔 いつつ	뭇쯔 むっつ
7개	**8개**	**9개**	**10개**		**몇 개**
나나쯔 ななつ	얏쯔 やっつ	코코노쯔 ここのつ	토오 とお		이꾸쯔 いくつ

2) ~명

1명	2명	3명	4명	5명	6명
히또리 ひとり	후따리 ふたり	산닝 さんにん	요닝 よにん	고닝 ごにん	로꾸닝 ろくにん
7명	**8명**	**9명**	**10명**		**몇 명**
시찌닝 しちにん	하찌닝 はちにん	큐―닝 きゅうにん	쥬―닝 じゅうにん		난닝 何人 なんにん

3) ~층

1층	2층	3층	4층	5층	6층
익까이 いっかい	니까이 にかい	상가이 さんがい	욘까이 よんかい	고까이 ごかい	록까이 ろっかい
7층	**8층**	**9층**	**10층**		**몇 층**
나나까이 ななかい	하찌까이 はちかい	큐―까이 きゅうかい	쥿까이 じゅっかい		낭가이 なんがい

4) ~장/매

1장/매	2장/매	3장/매	4장/매	5장/매	6장/매
이찌마이 いちまい	니마이 にまい	삼마이 さんまい	욤마이 よんまい	고마이 ごまい	로꾸마이 ろくまい

7장/매	8장/매	9장/매	10장/매		몇 장/매
나나마이 ななまい	하찌마이 はちまい	큐ー마이 きゅうまい	쥬ー마이 じゅうまい		남마이 なんまい

5) ~인분

1인분	2인분	3인분	4인분	5인분	6인분
이찌닝마에 いちにんまえ	니닝마에 ににんまえ	산닝마에 さんにんまえ	요닝마에 よにんまえ	고닝마에 ごにんまえ	로꾸닝마에 ろくにんまえ

7인분	8인분	9인분	10인분		몇 인분
시찌닝마에 しちにんまえ	하찌닝마에 はちにんまえ	큐ー닝마에 きゅうにんまえ	쥬ー닝마에 じゅうにんまえ		난닝마에 なんにんまえ

6) ~병/자루

1병/자루	2병/자루	3병/자루	4병/자루	5병/자루	6병/자루
입뽕 いっぽん	니홍 にほん	삼봉 さんぽん	욘홍 よんほん	고홍 ごほん	록뽕 ろっぽん

7병/자루	8병/자루	9병/자루	10병/자루		몇 병/자루
나나홍 ななほん	합뽕 はっぽん	큐ー홍 きゅうほん	쥽뽕 じゅっぽん		남봉 なんぼん

7) ~살

1살	2살	3살	4살	5살	6살
잇사이 いっさい	니사이 にさい	산사이 さんさい	욘사이 よんさい	고사이 ごさい	록사이 ろくさい
7살	**8살**	**9살**	**10살**		**몇 살**
나나사이 ななさい	핫사이 はっさい	큐ー사이 きゅうさい	줏사이 じゅっさい		난사이 なんさい

8) ~엔

1엔	2엔	3엔	4엔	5엔	6엔
이찌엔 いちえん	니엔 にえん	상엔 さんえん	요엔 よえん	고엔 ごえん	로꾸엔 ろくえん
7엔	**8엔**	**9엔**	**10엔**		**얼마**
나나엔 ななえん	하찌엔 はちえん	큐ー엔 きゅうえん	쥬ー엔 じゅうえん		이꾸라 いくら

9) ~박 ~일

1박 2일	2박 3일	3박 4일	4박 5일	5박 6일
입빠꾸 후쯔까 いっぱくふつか	니하꾸 믹까 にはくみっか	삼빠꾸 욕까 さんぱくよっか	욘하꾸 이쯔까 よんはくいつか	고하꾸 무이까 ごはくむいか
6박 7일	**7박 8일**	**8박 9일**	**9박 10일**	**몇 박 며칠**
록빠꾸 나노까 ろっぱくなのか	나나하꾸 요ー까 ななはくようか	합빠꾸 코꼬노까 はっぱくここのか	큐ー하꾸 토ー까 きゅうはくとおか	남빠꾸 난니찌 なんぱくなんにち

6 날짜

1) 시제

그저께	어제	오늘	내일	모레
오또또이 おととい 一昨日	키노- きのう 昨日	쿄- きょう 今日	아시따 あした 明日	아삿떼 あさって 明後日

2) 요일

일요일	월요일	화요일	수요일
니찌요-비 にちよう び 日曜日	게쯔요-비 げつよう び 月曜日	카요-비 か よう び 火曜日	스이요-비 すいよう び 水曜日
목요일	**금요일**	**토요일**	**무슨 요일**
모꾸요-비 もくよう び 木曜日	킹요-비 きんよう び 金曜日	도요-비 ど よう び 土曜日	난요-비 なんよう び 何曜日

3) 월

1월	2월	3월	4월	5월	6월	7월
이찌가쯔 いちがつ	니가쯔 にがつ	상가쯔 さんがつ	시가쯔 しがつ	고가쯔 ごがつ	로꾸가쯔 ろくがつ	시찌가쯔 しちがつ
8월	**9월**	**10월**	**11월**	**12월**		**몇 월**
하찌가쯔 はちがつ	쿠가쯔 くがつ	쥬-가쯔 じゅうがつ	쥬-이찌가쯔 じゅういちがつ	쥬-니가쯔 じゅうにがつ		낭가쯔 なんがつ 何月

4) 일

	1일	2일	3일	4일	5일	6일
	츠이따찌 ついたち	후쯔까 ふつか	믹까 みっか	욕까 よっか	이쯔까 いつか	무이까 むいか
7일	**8일**	**9일**	**10일**	**11일**	**12일**	**13일**
나노까 なのか	요-까 ようか	코꼬노까 ここのか	토-까 とおか	쥬- 이찌니찌 じゅう いちにち	쥬- 니니찌 じゅう ににち	쥬- 산니찌 じゅう さんにち
14일	**15일**	**16일**	**17일**	**18일**	**19일**	**20일**
쥬-욕까 じゅう よっか	쥬- 고니찌 じゅう ごにち	쥬- 로꾸니찌 じゅう ろくにち	쥬- 시찌니찌 じゅう しちにち	쥬- 하찌니찌 じゅう はちにち	쥬- 쿠니찌 じゅう くにち	하쯔까 はつか
21일	**22일**	**23일**	**24일**	**25일**	**26일**	**27일**
니쥬- 이찌니찌 にじゅう いちにち	니쥬- 니니찌 にじゅう ににち	니쥬- 산니찌 にじゅう さんにち	니쥬- 욕까 にじゅう よっか	니쥬- 고니찌 にじゅう ごにち	니쥬- 로꾸니찌 にじゅう ろくにち	니쥬- 시찌니찌 にじゅう しちにち
28일	**29일**	**30일**	**31일**			**며칠**
니쥬- 하찌니찌 にじゅう はちにち	니쥬- 쿠니찌 にじゅう くにち	산쥬- 니찌 さんじゅう にち	산쥬- 이찌니찌 さんじゅう いちにち			난니찌 なんにち

필요할 때 바로 찾는 상황별 단어 모음

이동할 때

1번 출구
이찌방데구찌 [１番出口]

ETC카드
ETC카ー도 [ETCカード]

IC카드(교통카드)
아이씨카ー도 [ICカード]

개찰구
카이사쯔구찌 [改札口]

거스름돈
오쯔리 [おつり]

그린석
구리ー잉샤 [グリーン車]

근처
치까꾸 [近く]

급행
큐ー꼬ー [急行]

길
미찌 [道]

난방
담보ー [暖房]

남쪽 출구
미나미구찌 [南口]

내리는 문
데구찌 [出口]

냉방
쿠ー라ー [クーラー]

노면전차
로멘덴샤 [路面電車]

녹색 창구
미도리노마도구찌 [みどりの窓口]

돈
오카네 [お金]

동쪽 출구
히가시구찌 [東口]

뒤
우시로 [後ろ]

맞은편
무까이 [向かい]

모노레일
모노레ー루 [モノレール]

밖
소또 [外]

반납
헹꺄꾸 [返却]

반대 방향
한따이호ー꼬ー [反対方向]

방향
호ー꼬ー [方向]

버스 타는 곳
바스노리바 [バス乗り場]

분실물 센터
와스레모노센따ー [忘れ物センター]

서쪽 출구
니시구찌 [西口]

셔틀버스
샤또루바스 [シャトルバス]

신칸센
싱깐셍 [新幹線]

아이
코도모 [子供]

안
나까 [中]

앞 차
마에노쿠루마 [前の車]

앞
마에 [前]

어디
도꼬 [どこ]

어른
오또나 [大人]

얼마
이꾸라 [いくら]

엘리베이터
에레베-따- [エレベーター]

여기
코꼬 [ここ]

역
에끼 [駅]

열차
렛샤 [列車]

영수증
레시-또 [レシート]

옆
토나리 [隣]

예약
요야꾸 [予約]

오른쪽
미기 [右]

왕복
오-후꾸 [往復]

왼쪽
히다리 [左]

운전면허증
운뗑멩꾜쇼- [運転免許証]

이쪽
코찌라 [こちら]

인포메이션
잉호메-숑 [インフォメーション]

자리
세끼 [席]

자유석
지유-세끼 [自由席]

잔액
잔다까 [残高]

저기
아소꼬 [あそこ]

저쪽
아찌라 [あちら]

전철
덴샤 [電車]

정산
세-상 [精算]

주소
쥬-쇼 [住所]

주유
큐-유 [給油]

지도
치즈 [地図]

지정석
시떼-세끼 [指定席]

취소
캰세루 [キャンセル]

코인로커
코잉록까- [コインロッカー]

택시
타꾸시- [タクシー]

트렁크
토랑꾸 [トランク]

편도
카따미찌 [片道]

표 사는 곳
킵뿌우리바 [切符売り場]

표
킵뿌 [切符]

환불
하라이모도시 [払い戻し]

휘발유
레규라- [レギュラー]

숙박할 때

가습기
카시쯔끼 [加湿器]

가족탕
카조꾸부로 [家族風呂]

객실
캬꾸시쯔 [客室]

공기청정기
쿠-끼세-죠-끼 [空気清浄機]

공동
쿄-도- [共同]

귀중품
키쬬-힝 [貴重品]

금고
킹꼬 [金庫]

금연룸
킹엔루-무 [禁煙ルーム]

난방
담보- [暖房]

냄새
니오이 [匂い]

노천탕
로템부로 [露天風呂]

다리미
아이롱 [アイロン]

담배
타바꼬 [タバコ]

담요
모-후 [毛布]

대욕장
다이요꾸쬬- [大浴場]

뜨거운 물
오유 [お湯]

무료
무료- [無料]

미니바
미니바- [ミニバー]

방 번호
헤야방고- [部屋番号]

방 변경
헤야노헹꼬- [部屋の変更]

방 청소
헤야노소-지 [部屋の掃除]

방
헤야 [部屋]

번호표
방고-후다 [番号札]

베개
마꾸라 [枕]

변압기
헹아쯔끼 [変圧器]

별관
벡깡 [別館]

부엌
키칭 [キッチン]

불
뎅끼 [電気]

비누
섹껭 [石鹸]

비밀번호
파스와-도 [パスワード]

사용법
츠까이까따 [使い方]

샤워실
샤와- [シャワー]

석식
유-쇼꾸 [夕食]

세면대
셈멘다이 [洗面台]

세탁
란도리-사-비스 [ランドリーサービス]

세탁실
란도리- [ランドリー]

수건
타오루 [タオル]

어메니티
아메니티 [アメニティ]

에어컨
쿠-라- [クーラー]

여성전용
죠세-셍요- [女性専用]

열쇠
카기 [鍵]

옆방
토나리노헤야 [隣の部屋]

예약
요야꾸 [予約]

온천
온셍 [温泉]

우산
카사 [傘]

유아 변기
호죠벤자 [補助便座]

유아 침대
베비-벳도 [ベビーベッド]

이불
후똥 [布団]

이층침대
니당벳도 [二段ベッド]

자판기
지도-함바이끼 [自動販売機]

전기포트
뎅끼폿또 [電気ポット]

전자레인지
덴시렌지 [電子レンジ]

제빙기
세이효-끼 [製氷機]

조식
쵸-쇼꾸 [朝食]

조식당
쵸-쇼꾸카이죠- [朝食会場]

주차장
츄-샤죠- [駐車場]

짐
니모쯔 [荷物]

창문
마도 [窓]

체크아웃
첵꾸아우또 [チェックアウト]

체크인
첵꾸잉 [チェックイン]

충전기
쥬-뎅끼 [充電器]

침대 안전 가드
벳도가-도 [ベッドガード]

칫솔
하부라시 [歯ブラシ]

텔레비전
테레비 [テレビ]

통금 시간
몽겡 [門限]

하수구
하이스이꼬- [排水口]

헤어드라이기
도라이야- [ドライヤー]

헬스장
지무 [ジム]

화장실
토이레 [トイレ]

화장지
토이렛또페-빠- [トイレットペーパー]

환전
료-가에 [両替]

흡연
키쯔엔 [喫煙]

흡연룸
키쯔엔루-무 [喫煙ルーム]

흡연실
키쯔엔시쯔 [喫煙室]

가위
하사미 [はさみ]

계산
카이께- [会計]

곱빼기
　오-모리 [大盛]

금연석
　킹엔세끼 [禁煙席]

나이프
　나이후 [ナイフ]

냅킨
　나뿌낑 [ナプキン]

뜨거운 것
　홋또 [ホット]

뜨거운 물
　오유 [お湯]

리필
　오카와리 [おかわり]

만석
　만세끼 [満席]

맛
　아지 [味]

메뉴
　메뉴- [メニュー]

면 리필
　카에다마 [替え玉]

물
　오미즈 [お水]

물수건
　오시보리 [おしぼり]

(초밥용) 밥
　샤리 [しゃり]

변경
　헹꼬- [変更]

봉투
　후꾸로 [袋]

비닐봉투
　레지부꾸로 [レジ袋]

빨대
　스또로- [ストロー]

숟가락
　스푸-응 [スプーン]

숯불
　스미비 [炭火]

신용카드
　쿠레짓또카-도 [クレジットカード]

앞접시
　토리자라 [取り皿]

앞치마
　에푸롱 [エプロン]

양 적게
　스꾸나메 [少なめ]

예약
　요야꾸 [予約]

오마카세
　오마까세 [おまかせ]

요리
　료-리 [料理]

음료 무제한
　노미호-다이 [飲み放題]

음료
　노미모노 [飲み物]

자리
　세끼 [席]

젓가락
  하시 [箸]
정식
  테-쇼꾸 [定食]
주문
  츄-몽 [注文]
차
  오챠 [お茶]
차가운 것
  아이스 [アイス]
철판
  아미 [網]
추가
  츠이까 [追加]
추천 메뉴
  오스스메 [おすすめ]
충천
  쥬-뎅 [充電]
취소
  캰세루 [キャンセル]
티슈
  팃슈 [ティッシュ]
포장
  모찌카에리 [持ち帰り]
포크
  호-꾸 [フォーク]
픽업
  우께또리 [受け取り]
한 잔 (한 그릇)
  오카와리 [おかわり]

한국어 메뉴판
  캉꼬꾸고노메뉴- [韓国語のメニュー]
현금
  겡낑 [現金]
화장실
  토이레 [トイレ]
흡연석
  키쯔엔세끼 [喫煙席]

쇼핑할 때

가벼운 것
  카루이노 [軽いの]
간단한 것
  칸딴나노 [簡単なの]
거스름돈
  오쯔리 [おつり]
계산
  카이께- [会計]
계산대
  레지 [レジ]
교환
  코-깡 [交換]
구멍
  아나 [穴]
기능
  키노- [機能]
디자인
  데자잉 [デザイン]
매장
  우리바 [売り場]

면세
멘제- [免税]

반품
헴삥 [返品]

보증
호쇼- [保証]

브랜드
부란도 [ブランド]

상품
쇼-힝 [商品]

색깔
이로 [色]

선물
푸레젠또 [プレゼント]

세일 상품
세-루힝 [セール品]

소재
소자이 [素材]

시착
시짜꾸 [試着]

신상품
신쇼-힝 [新商品]

신용카드
쿠레짓또카-도 [クレジットカード]

싼 것
야스이노 [安いの]

얼룩
요고레 [汚れ]

영수증
레시-또 [レシート]

음질
온시쯔 [音質]

일시불
익까쯔바라이 [一括払い]

작은
치이사이 [小さい]

재고
자이꼬 [在庫]

조작
소-사 [操作]

종이봉투
카미부꾸로 [紙袋]

좋은 것
이이노 [いいの]

추천 상품
오스스메쇼-힝 [おすすめ商品]

큰
오-끼이 [大きい]

포장
호-소- [包装]

품절
우리끼레 [売り切れ]

한정판
겐떼-방 [限定版]

할부
붕까쯔바라이 [分割払い]

화질
가시쯔 [画質]

관광할 때

65세 이상
로꾸쥬-고사이이죠- [65歳以上]

가로
요꼬무끼 [横向き]

개장
카이엥 [開園]

고장
코쇼- [故障]

공연
코-엥 [公演]

굿즈 매장
굿즈우리바 [グッズ売り場]

기계
키까이 [機械]

기념품 가게
오미야게야 [お土産屋]

매점
바이뗑 [売店]

매표소
치껫또우리바 [チケット売り場]

맵 (지도)
맙뿌 [マップ]

먹이
에사 [えさ]

무대 인사
부따이아이사쯔 [舞台挨拶]

배경
하이께- [背景]

비상구
히죠-구찌 [非常口]

사진
샤싱 [写真]

삼각대
상까꾸 [三脚]

세로
타떼무끼 [縦向き]

소리
오또 [音]

아이
코도모 [子供]

어른
오또나 [大人]

언제
이쯔 [いつ]

연장
엔쬬- [延長]

영상
도-가 [動画]

영어
에-고 [英語]

영화
에-가 [映画]

예약번호
요야꾸방고- [予約番号]

오전
고젱 [午前]

오후권
고고노치껫또 [午後のチケット]

우산
카사 [傘]

유료
유-료- [有料]

유모차
베비-까- [ベビーカー]

유아
요-지 [幼児]

의무실
큐-고시쯔 [救護室]

인기
닝끼 [人気]

입구
이리구찌 [入口]

입장료
뉴-죠-료- [入場料]

자리
세끼 [席]

작품
사꾸힝 [作品]

재입장
사이뉴-죠- [再入場]

지도
치즈 [地図]

초등학생
쇼-각세- [小学生]

출구
데구찌 [出口]

태블릿
타부렛또 [タブレット]

티켓
치껫또 [チケット]

팸플릿
팡후렛또 [パンフレット]

폐장
헤-엥 [閉園]

플래시
후랏슈사쯔에- [フラッシュ撮影]

한국 노래
캉꼬꾸노우따 [韓国の歌]

한국어
캉꼬꾸고 [韓国語]

화면
가멩 [画面]

화장실
토이레 [トイレ]

휠체어
쿠루마이스 [車いす]

휴일
야스미노히 [休みの日]

긴급할 때

가려움증약
카유미도메 [かゆみ止め]

감기약
카제구스리 [風邪薬]

경찰
케-사쯔 [警察]

계단
카이당 [階段]

교통사고
코-쯔-지꼬 [交通事故]

구급센터
큐-뀨-센따- [救急センター]

구급차
큐-뀨-샤 [救急車]

길
미찌 [道]

눈
메 [目]

다리
아시 [足]

두통약
즈쯔-야꾸 [頭痛薬]

머리
아따마 [頭]

멀미약
요이도메 [酔い止め]

목
노도 [のど]

몸 상태
구아이 [具合]

반창고
반소-꼬- [絆創膏]

배
오나까 [お腹]

병원
뵤-잉 [病院]

보험
호껭 [保険]

분실 신고 증명서
이시쯔토도께 [遺失届]

분실물 센터
와스레모노센따- [忘れ物センター]

비상구
히죠-구찌 [非常口]

비염약
비엥야꾸 [鼻炎薬]

비행기
히꼬-끼 [飛行機]

사건
지껭 [事件]

소매치기
스리 [すり]

소화제
쇼-까자이 [消化剤]

손
테 [手]

숙취해소제
후쯔까요이노쿠스리 [二日酔いの薬]

스마트폰
스마호 [スマホ]

안약
메구스리 [目薬]

약국
약꾜꾸 [薬局]

어깨
카따 [肩]

여권
파스뽀-또 [パスポート]

연고
낭꼬- [軟膏]

연락
렌라꾸 [連絡]

열쇠
카기 [鍵]

영어
에-고 [英語]

위장약
이쪼-야꾸 [胃腸薬]

은행
깅꼬- [銀行]

의사 선생님
오이샤상 [お医者さん]

증상
쇼-죠- [症状]

지갑
사이후 [財布]

지사제(설사약)
게리도메 [下痢止め]

지진
지싱 [地震]

진통제
이따미도메 [痛み止め]

파출소
코-방 [交番]

표
킵뿌 [切符]

피로회복제
히로-카이후꾸자이 [疲労回復剤]

한국 대사관
캉꼬꾸타이시깡 [韓国大使館]

한국어
캉꼬꾸고 [韓国語]

해열제
게네쯔자이 [解熱剤]

해일
츠나미 [津波]

허리
코시 [腰]

화재
카지 [火事]

맛있는 books

이제는
여행 X 음식 X 일본어다!

여행과 음식을 함께 즐기는
맛있는 일본어
독학 첫걸음

팟캐스트 · 여행 미니북 · 쓰기 노트 · 일본 지도 · MP3 다운로드

おいしい~

무료 동영상 강의

JRC 일본어연구소 저 I 14,000원

여행과 음식으로
즐겨요!

재미와 학습을 한번에! 4주 독학 완성!

여행 콘셉트 본책

\+

쓰기 노트

\+

여행 미니북

\+

무료 동영상 강의

\+

테마 지도

JRC 중국어연구소 저 I 14,000원

홍빛나 저 I 15,500원

국선아 저 I 15,000원

피무 저 I 16,500원

김정, 일리야 저 I 16,500원